小微商大生意
微商运营
赚钱全揭秘

微商2.0

打造月入百万的微商新模式

WECHAT BUSINESS 2.0

魏 星◎著

人民邮电出版社
北京

图书在版编目（C I P）数据

微商2.0 : 打造月入百万的微商新模式 / 魏星著
. -- 北京 : 人民邮电出版社, 2016.1 (2016.12重印)
(盛世新管理书架)
ISBN 978-7-115-41099-3

Ⅰ. ①微… Ⅱ. ①魏… Ⅲ. ①网络营销 Ⅳ.
①F713.36

中国版本图书馆CIP数据核字(2015)第280567号

内 容 提 要

被定义为“微商元年”的2015年承载着众多个人及组织在微商领域的梦想，人们期望在这个巨大的风口之上分一杯羹。而微商未来的发展，也将会产生更多多元化的形式。本书详细介绍了微商+平台的搭建与运营、微商+C28的设计与指导、微商+O2O的对接与运营、微商+农村的布局与发展等。外界的推动加上内在的需求，将促使微商进行新一轮的转型与升级，微商2.0时代即将到来！

◆ 著　　　魏 星
责任编辑　赵 娟
责任印制　彭志环
◆ 人民邮电出版社出版发行　　北京市丰台区成寿寺路11号
邮编 100164　　电子邮件 15@ptpress.com.cn
网址 http://www.ptpress.com.cn
北京京华虎彩印刷有限公司印刷
◆ 开本：700×1000 1/16
印张：17　　2016年1月第1版
字数：206千字　　2016年12月北京第4次印刷

定价：42.00元

读者服务热线：(010)81055488　印装质量热线：(010)81055316
反盗版热线：(010)81055315

推荐序

PREFACE

如今，在这个“大众创业，万众创新”的时代，有多少人想为自己“打工”？可以说，“微商”就是其中一个很好的通路。打开微信，好友圈中的在家带孩子的全职妈妈、在校学生、公司职员时不时发发商品信息，的确是万人做微商的盛景。打开网页，输入“微商”两个字，也会看到铺天盖地的相关信息，百度一下就有 6840000 个搜索结果，可见，微商的火热程度是多么惊人！

回顾微商的成长历程，由于进入门槛较低，一部智能手机、懂得使用微信，便可以进行微商活动，微商的低门槛能够为更多的人提供创业机会，这一商业模式像若干年前的淘宝一样，让很多人致富，让更多的人拥有更高的生活水准。微商会成就一批人，但也会毁灭一批人。目前说起微商，读者朋友会想到什么？网红？面膜？代购名牌？保健品？貌似很多人对“微商”这个词嗤之以鼻，微商发展并不成熟的阶段也可以称作微商 1.0 时代。在微商 1.0 时代，微商确是有被“传销化”的嫌疑，一方面这是由于缺乏相应的监管和规范，另一方面是因为传销（或直销）在移动互联网的社交平台上获得了生存的条件。由于微商基于一定社交关系的开放平台，有利于营销创业团队的形成和发展。以微信为例，其成员之间往往都是在现实生活中存在联系的个体，这加强了产品的信任背书，使得代理的发展更加容易。而要跳出微商 1.0 时代的局限，剥离其种种弊端，首先应该正确认识微商这样一种商业行为。我在担任国家工商行政总局网络监管司委托的《关于促进微商发展与管理的若干意见》课题组长时指出微商是基于人际关系，依托微博、微信等移动社交平台进行营销传播，并最终获得商业价值的一种模式。而本书作者魏星用他的思考与实践为微商正名，那些适应市场变化、积极改变创新的人会通过微商模式而取得成就；那些守旧固执、依然坚守自己古老观念的实体店商业经营者，极有可能在微商的冲击下被颠覆。

时代更替到微商 2.0 时代，这个行业由内到外会进化，淘汰那些无视商业规律的人，而那些对行业不断贡献力量且推动行业向前发展的人则会尽显统治力，也会得到行业反馈的财富、声誉和未来。

博士、独立作家、互联网观察家，广东省现代移动互联网研究院常务副院长

文丹枫

前言

PREFACE

随着移动互联网技术的发展和智能手机的普及，移动端在人们的生活中的地位逐渐加重，与互联网相关的各种商业行为也开始由PC端向移动端迁移，电子商务正是其中之一。

以微信为主要入口的微商在发展之初，凭借成本低、操作简单、获利快等明显优势，获得了不少人的青睐。百度指数提供的数据显示，在2014年6月、2014年10月、2015年1月及2015年3月，微商的发展分别出现了高峰期。而一些电商巨头进军微商，更是让微商的热度急剧增加，随之而来的营销活动、微商大会以及媒体的追踪报道，进一步将微商的发展推向了高潮。

但微商的弊端在爆发式增长的过程中也逐渐暴露了出来，如频繁刷屏过度营销、产品品类单一、质量参差不齐等。因此，这个微商发展并不成熟的阶段也可以称作微商1.0时代。

在微商1.0时代，微商确实有被“传销化”的嫌疑，这一方面是由于缺乏相应的监管和规范，另一方面是因为传销（或直销）在移动互联网的社交平台上获得了生存的条件。由于微商是基于一定社交关系的开放平台，有利于营销创业团队的形成和发展。以微信为例，其成员之间往往都是在现实生活中存在联系的个体，这加强了产品的信任背书，使得代理的发展更加容易。

而要跳出微商1.0时代的局限，剥离其种种弊端，首先应该正确认识微商这种商业行为。微商是依托微博、微信等社交平台，基于个体的社交网络进行营销传播，并最终获得商业价值的一种模式。因此，微商也可以说是一种移动互联网时代的社会化营销。

其次，必须加强对微商行业的监管和规范。2015 年 1 月，微商第三方服务商微盟发布了《微商公约》，倡导微商良性运营并且从技术层面上对其进行规范；2015 年 2 月，微信官方平台就非法分销模式进行处理，对于不遵守规范、钻法律空子的商家将处账号永久封停的处罚；2015 年 3 月，微信又发布了《朋友圈使用规范》，对微商的朋友圈分享进行了明确的规定。

再次，必须正确认识平台的价值。就目前微商依托的各个平台来看，最具有发展潜力和成长空间的，仍然非微信莫属。本着“连接一切”的理念，公众号、朋友圈和移动支付等功能，已经使得微信基本形成了自己的商业生态闭环。

相关的调查统计数据显示，在微信的活跃用户当中，拥有 100 位以上好友的用户比例超过 50%，每天使用微信超过 10 次的用户比例高达 80% 以上。由此可见，微信是一种社交性极强、用户黏度极高的产品，有利于发挥社交红利和移动红利。对一些致力于从事微商的创业者来说，微信服务号就可以发挥一个 App 具有的价值。以微信服务号为入口，不仅可以有针对性地推送与自己产品相关的内容，还可以分享自己的创业理念，发展自己的粉丝和社群。

随着微商的不断探索和实践，微商也即将进入 2.0 时代。微商 2.0 是社交电商形成的一种状态，其标志性事件就是传统的企业和品牌开始迈入微商。而之所以将其定义为微商 2.0，是因为传统企业在进入微商之后，微商行业将出现一种新的游戏规则。

被定义为“微商元年”的2015年承载着众多个人及组织在微商领域的梦想，他们期望在这个巨大的风口之上分一杯羹。而微商未来的发展，也将会产生更多元化的形式。

1. 微商 + 平台

平台的崛起，让朋友圈的刷屏、假冒伪劣产品泛滥得到了有效的控制。平台可以用自己的资源优势为交易双方解决货源、仓储、交易保障等问题，以此积聚大量的商家与消费者。而且，微商平台的发展所经营的产品范围，也将不再局限于化妆品、奢侈品，必将朝着更广阔的领域发展。

2. 微商 + C2B

C2B的微商，将实现去中心化的商业转变。企业将吸引平台上的消费者参与到产品的设计中来，根据消费者的需求生产个性化与定制化的产品及服务，为消费者在产品的价格上提供更多的话语权，为企业的产品生产提供更为有效的指导。

3. 微商 + O2O

由于采用双方直接对接的模式，微商有效改变了传统线下销售效率低下、购买流程烦琐、用户回流率低的局面。而与O2O结合后，微商的经营方式将会发展成为移动客户端经营，这种去中心化的流量入口使得商家摆脱了对第三方机构的依赖，极大地提高了交易效率。

4. 微商 + 农村

由阿里发布的数据显示：县域电商增长速度比城市高出13.6%，“得农村者得未来”成为电商行业内的共识。而移动端是农村网民的主要网购终端设备，农村天然的本地化社交优势又为微商的发展提供了巨大的推动力，微商在农村崛起将会成为一种不可阻挡的潮流。

凯文 · 凯利在一次演讲中提到："未来世界会不断在科层制中去中心化，分享和移动化将是趋势，创新将来自前沿和边缘。"外界的推动加上内在的需求，将促使微商进行新一轮的转型升级，微商 2.0 时代即将到来！

目录
CONTENTS

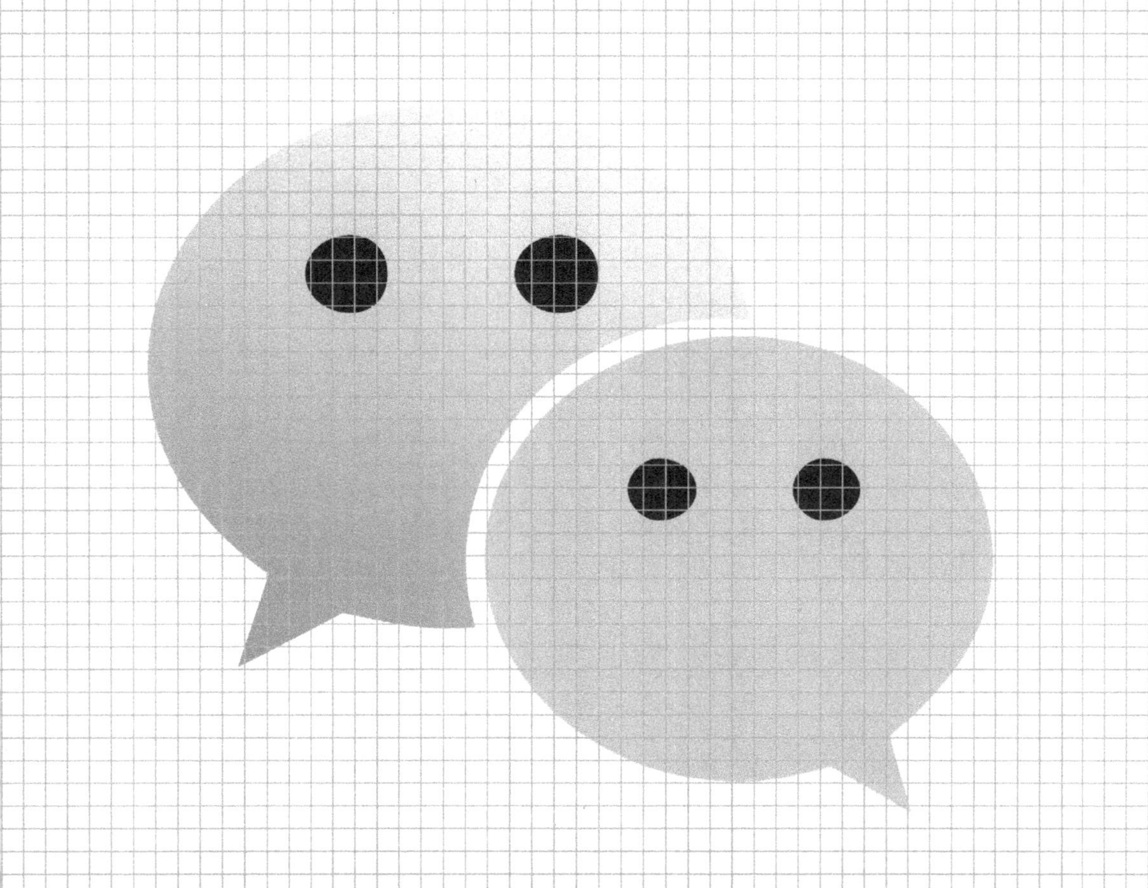

第1章

微商进化论：后微商时代，微商 2.0 引领新的蓝海时代

微商模式：去中心化时代，基于移动社交的电商新形态

微商是企业或个人基于社会化媒体开店的一种移动社交电商新模式，由微盟 CEO 孙涛勇首先提出。这一新型电商模式的最大作用是可以有效沉淀用户，实现线上线下的流量整合，本质上是一种基于微信生态社交平台的社会化分销模式，主要分为 B2C 微商和 C2C 微商两种类型。前者立足于微信公众号，后者基于朋友圈开店。

以“连接一切就是美”为理念，基于微信平台强大的社交连接能力，微商实现了商品的社交分享、熟人推荐与朋友圈展示。微商模式作为一种新型的移动电商模式，主要包括微盟旺铺、营销插件、分销体系和个人端分享推广（微客）4 个流程部分。

微商模式

前文已经提过，微商是一种基于微信社交生态平台、融移动与社交为一体的新型电商模式，包括 B2C 和 C2C 两种类型。

B2C 微商模式是指由厂商、供货商、品牌商等货物供应者基于微信平台搭建一个统一的移动商城以便直面消费者、整合分散的线上线下需求，并负责产品的管理、发货与售后服务等内容。其成熟的基础条件主要包括如图 1-1 所示的 4 个方面的内容。

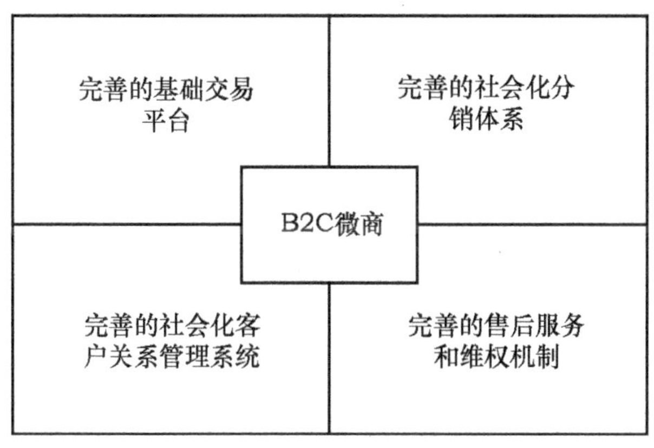

图 1-1　B2C 微商的 4 个基础条件

1. 完善的基础交易平台

不论是新型的微商模式，还是以往的电商模式，首要前提都是要构建一个可供交易的完善平台，这也是互联网时代下实现电子商务运营的必然要求。

2. 完善的社会化分销体系（SDP）

就目前来看，这一体系还比较混乱，很多微商品牌的分销体系甚至已经接近了传销界限，急需通过各种技术手段引导这一体系的理性化构建。

3. 需要完善的社会化客户关系管理系统对企业会员进行管理。

4. 需要能够与消费者直接沟通反馈的完善的售后服务和维权机制。

微盟 SDP 系统有着三大角色：供货商（品牌厂商）、分销商（品牌厂商的线下渠道）和微客（粉丝和消费者）。这一系统有效解决了 B2C 微商在吸粉、沉淀、交易、服务等环节的难题，为 B2C 微商的成熟发展提供助力。这种推动作用主要体现在以下两个方面。

★ SDP 系统可以帮助那些已经拥有完善的线下销售渠道的供货商开设针对分销商的独立后台，每个分销商都可以获得有唯一参数标识的二维码，以便供货商可以通过二维码进行系统管理。同时，SDP 系统又可以将消费者汇聚到微信中以方便供货商根据用户需求进行生产。另外，消费者也可以通过二维码进入品牌统一后台，使分销商可以管理自己所引导的粉丝和订单，从而解决了线上线下的利益分成问题。

★对于那些没有完善的线下销售渠道的商家，则可以通过 SDP 的升级演化系统“微客”来发展分销。具体流程是微客通过将商品分享至朋友圈的方式帮助供货商进行宣传，若是消费者通过分享的链接购买商品，微客就可以直接拿到佣金。需要注意的是，不同于层层分级的传销模式，微客的核心是分层而不分级，以此避免违规风险。这就涉及了微商的另一模式，即 C2C 模式。

微客属于移动端商城中的个人分销功能，通过在朋友圈、微博、QQ 空间等社会化媒体上分享商品链接实现商品的社交分享、熟人推荐和朋友圈展示等功能，并经由熟人关系链实现商品的口碑传播。若消费者通过链接交易成功，微客就能够直接通过 SDP 系统自动获得佣金。因此可以说，微客有效消除产品与消费者隔阂的同时，开启了一个人人可做电商的时代。

那么，作为一个基于微信社交生态平台产生的新型电商模式，微商又有哪些作用和优势呢?

微商的优势

微信的原初意义是社交而非商业营销工具，这一点决定了基于微信生态平台发展起来的微商更容易找到自己精准的用户群和互联网大数据，实现与用户的直接沟通交流，从而更具针对性地提升企业产品和服务质量。从这一点来看，微商最大的优势便在于能够聚合起分散的线上线下流量，实现用户资源的沉淀。

如何沉淀用户、与消费者建立起强关系以拥有一批稳定的高黏性用户群，是大多数传统电商零售企业面临的首要难题，其原因主要有以下两点。

一方面无论 B 店还是 C 店，都是通过淘宝平台上的用户来完成订单交易，而非商家自身所有的高黏性用户。由于用户随时都有可能将注意力转移到其他商家身上，这就使企业的经营具有很大的不稳定性。

另一方面，由于客户主要是通过搜索完成下单，缺乏直接与商家沟通的渠道，这既在一定程度上降低了消费者的购物体验，又阻碍了商家对用户真实需求的了解反馈，使得企业无法把握越来越快速的市场变化。

作为一种去中心化的电商新形态，微商模式能够将线上线下多种渠道所接触到的客户全部汇聚起来形成一个属于企业本身的用户数据库，以便实现针对客户的精准营销和个性化推荐。而微信社交平台的原初本质使得它对微商来说成为了一个绝佳的客户管理平台——商家在公众号上就可以与通过各种渠道聚合起来的用户进行直接的接触沟通，从而真正能够提供符合用户需要的个性化产品和服务，建立起与客户的强关系，达到沉淀用户的目的。

微商模式是近两年才发展起来并逐渐为多数人所熟知的一种电商模式。由于还没能建构起一个制度化的行为规范和伦理准则，导致当前微商在其发展过程中出现了一些问题，特别是 C2C 模式和社会化分销体系的混乱，更加剧了人们对这一新型电商模式的偏见和误解。这种误解的主要表现是将微商模式与朋友圈卖货和传销等同起来。

微商与朋友圈卖货

将微商与朋友圈卖货等同起来，源于早期在朋友圈卖货的一批人过度开发朋友圈入口的第一波红利迅速致富。由于这种代理分销的裂变效应和低门槛、零成本的病毒营销，使得这种方式短时间内在朋友圈大量涌现，形成了最早的 C2C 雏形。

但是，这种朋友圈卖货方式由于在产品质量、品类选择、物流、维权等方面都缺乏一个明晰的行为规范，导致了大量非法暴利的三无产品泛滥以及在朋友圈中的恶意营销，这是人们对微商颇有微词的原因所在。不过，微商绝非简单的朋友圈卖货，朋友圈只是微商模式下 C2C 环节的一个方面。特别是随着用户对微商广告的强烈反感和微信官方对恶意营销的严厉打击以及新的移动电商平台的崛起，必然会导致朋友圈卖货的消亡和 C2C 的重新洗牌。

例如，微盟推出的社会化分销平台 SDP，就是致力于为零售行业全渠道电商提供整体解决方案。具体来讲，就是将各个渠道（社会化媒体、移动社交等）的分散流量聚合起来，利用微客分销产品以实现供货商（有稳定货源的品牌商和制造商）和分销商（有团队实力的代理店）的市场目标，并帮助企业实现全渠道互通、用户沉淀等目的。

优质正品 + 分佣奖励是微商模式下激发微客分享动力的双重机制。当用户对使用过的企业产品感兴趣时，可以通过统一搭建的微信商城入口申请成为微客，将商品链接分享到朋友圈、微博、QQ 空间等社交平台并获得所售商品的佣金，从而实现基于熟人推荐的裂变式社会化分销模式。同时，在产品质量、品类选择、物流、维权等方面则交由 B 端货物供应者（厂商、供货商、品牌商）来解决，以保证用户优质的消费体验。

微商与传销

《禁止传销条例》指出："传销是指组织者或者经营者发展人员，通过对被发展人员以其直接或者间接发展的人员数量和销售业绩为依据计算和给付报酬，或者要求被发展人员以缴纳一定费用为条件取得加入资格等方式，是一种牟取非法利益、扰乱经济秩序、影响社会稳定的行为。"

由于拥有完善的分销网络，再加上早期朋友圈卖货层层代理的发展模式，不可避免地使外界将微商与传销等同起来。

然而，微商是以卖货而非诈骗获益，且商品多为消费频率较高的服装、面膜等日常用品，这是它不同于传销的地方。而且，从运营模式上来看，微盟的本质也是直销而非传销模式。因为产品的质量、选择、物流、维权等方面仍由企业负责，无论是分销商还是微客，都是推而不销，核心目的都是为了拓展分销网络，提升企业和商品的知名度和美誉度。

小米席卷全国手机市场的直销模式无疑是非常成功的，但不是所有企业都能够像小米那样运用互联网思维玩转粉丝经济。因此，为实现移动电商转型，微盟模仿小米推出微盟旺铺、SDP 等平台，通过双重机制（优质产品 + 佣金）来吸引粉丝推广企业产品和品牌，以构建、完善自有的分销网络就显得十分必要了。

微商的未来趋势

就当前来看，以淘宝为代表的传统电商平台不可能完全淘汰传统零售，而微商也不可能颠覆淘宝，谁也无法完全占据主导地位。因此，未来零售行业必将呈现传统零售、电商、微商 3 种模式长期共存之势。

就电商模式的发展趋势来看，随着淘宝平台的弊端逐渐凸显，越来越多的企业走上了搭建自营体系之路，逐渐把淘宝平台用户引导至微信平台并建立会员体系，通过多种手段（积分制、优惠活动等）来拓展用户，以期形成一个高黏性的用户群。

完善的基础交易平台、社会化分销体系、优质的客户关系管理系统和售后维权机制是 B2C 微商成熟的基础条件。因此，在这个人人可电商的互联网新时代，基于朋友圈信任关系的推荐消费是非常有价值和前景的，B2C 微商模式必将成为未来电商模式的真正主导者。

未来几年将是微商的大爆发时期。而 2015 年作为微商元年，其发展主要呈现出如下几种趋势：团队规模化、用户社群化、渠道立体化、技术规范化、产品多元化、营销媒体化、运作资本化和政策柔性化。

微商公约

基于微信服务号的 B2C 微商和朋友圈开店的 C2C 微商组成了当前微商模式的两个环节。随着微商爆发式的增长，暴力刷屏、同质化和低劣的产品等问题也在加深着人们对微商的偏见和误解。如何扭转这一情况，规范微商的理性发展，成为当前被资本和市场所热捧的微商面临的首要难题。

野蛮生长的微商需要借公约加强自律，作为微商运作关键节点的分销环节也需要通过技术手段来进行规范。因此，**建立以“戒违规、戒伪劣、戒传销、不乱市、不囤货、不暴利、不刷屏和不杀熟”为主要内容的微商公约就显得十分必要和紧迫，也得到了越来越多微商参与者的肯定和认同。**

 微商1.0：传统微商遭遇瓶颈，探索未来微商的突破路径

微商在人们争论不休中发展，对大众来说，如今它已不是一个陌生的词语，相反，可能在你身边不小心就会碰到一个微商。这种情况也推进了人们对其的讨论深度，并渐渐分出支持者和反对者，前者认为微商必将迎来光明的大未来，后者则认为它违背了微信社交的天然属性，将面临覆灭。

自从微商诞生以来，我就开始观察这一新事物。发展到如今，我认为它是顺应移动社交时代潮流而产生的一种商业形态，渐渐根植于人们的商业行为中，并已成为一种商业趋势，不是谁想阻拦就能阻拦住的，所以，它不会轻易消亡。而且，随着移动互联网的发展，信息垄断与信息不对称将逐渐被打破，微商将带领人们进入一个去中心化的商业未来。

微商的定义

“微商”一词原本是由速度问题和切线问题抽象出来的数学概念，又称变化率。但在今天，我们说微商的时候，大概没有多少人能想到数学，它在人们印象中就是随着微信的崛起而崛起的一种商业存在。然而，直到如今，也很少有人能说清基于移动社交平台微信而出现的微商到底是什么?

有人认为朋友圈卖货就是微商，也有人认为微店、微商城等就是微商，然而，通过分析和总结多方观念，我认为这些定义仅仅只是微商的狭义代表，**真正的微商应该是企业或个人基于移动互联网，利用社会化媒体营销的新型电商，即移动社交电商。**

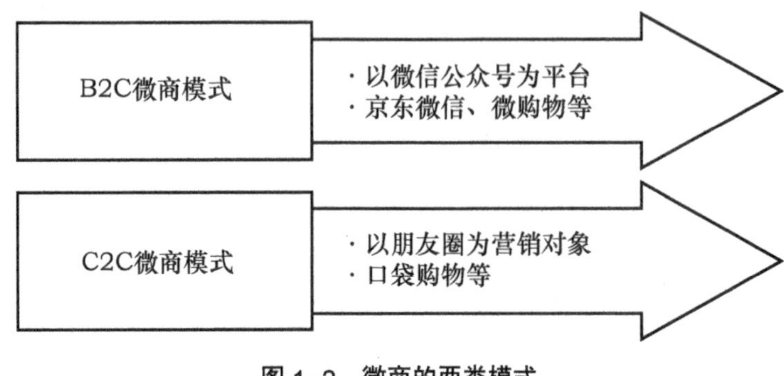

图 1-2 微商的两类模式

鉴于移动社交内部属性的不同，微商可以分为两类模式：一类是以微信公众号为平台的 B2C 微商模式；另一类是以朋友圈为营销对象的 C2C 微商模式，如图 1-2 所示。

其表现形式既有“国家队”，也有第三方。如京东微店、微购物等是 B2C 微商模式中的“国家队”，有赞微商城、微盟旺铺等则是其第三方的代表；C2C 模式微商虽以口袋购物等第三方为代表，但也有强势的“国家队”如拍拍微店等。

B2C微商模式和C2C微商模式的发展状态

C2C 微商目前有近 2000 万个，但因其对朋友圈生态的破坏，反而不如数量不到其一半的以企业为主的 B2C 微商为官方待见。深究其原因，其多种弊端带来的是一种病态的商业交易模式。

1. 以朋友圈为阵地的 C2C 微商，多数为代理，不自产商品，对产品的质量把关存在难度，很容易导致其所推销的产品存在质量问题，出现以假乱真的现象。仅这一点就不只是官方不待见，其朋友圈也深感厌恶。

2. 朋友圈的推广方式，以频繁刷屏为主要手段，一方面破坏了朋友圈社交生态，带来极差的用户体验，这种现象的存在，会导致许多接收对象举报从而被官方封号。

3. 虽然朋友圈以熟人为社交基础，但在交易链上，买家处在虚拟的互联网之中，缺乏对实物的直观感受，这就导致了买家对卖家的信任缺失，又由于 C2C 的个人对个人交易，缺乏商品交易中应有的维权机制，为买家带来了无保障的交易体验。

4. 由于不自产商品，通过代理实现经济利益，发展代理成为多数 C2C 微商的盈利渠道，这样就会导致层级代理过多，产品同质化现象严重，将用户的选择权降低，这大大违背了如今这个商品极大丰富的物质时代消费观。

5. 最后，通过各种营销手段，产品卖出去了，但是朋友圈的私密封闭属性也难以构建精准有效的客户管理体系。

微信一直在试图做到“连接一切”，公众平台的发展是其实现人与商品和服务连接的一个重要接口，虽然微信没有给予其太多的流量导入，但是表现出了支持和认可。

因为占据前端的 B2C 微商一般是有实力的厂商、品牌商或供货商，他们有一个完善的基础交易系统，从购买到物流、评价再到维权都有一套像淘宝一样完善的机制，在产品和服务上能够实现基本的保证及全程管控，这样就解决了起码的信任问题，使用户能够放心购买。

另外，他们能够利用微信公众平台更深入地做到 SCEM 客户关系沉淀，有统一的客户管理体系，而这在移动电商的发展中越来越重要，不仅有助于建立大数据运营机制，而且能够及时地洞察消费者的需求，提升精准营销的效率。另外，还能打通商品与服务、现有会员与潜在会员、线上线下之间的连接，提高经营粉丝的效率。

除此以外，B2C 微商还能够利用第三方平台，诸如微信、微博、QQ 空间等平台实现移动社交的去中心化入口和流量的汇聚。所以，我认为 B2C 微商模式将是微商发展的未来。

为什么朋友圈微商会走向没落

微商的走红，不得不归功于朋友圈卖货和代购；然而也正因为如此，微商在朋友圈的泛滥带来乱象丛生，从而导致大家对微商产生越来越偏颇的理解。正是这些乱象，将朋友圈微商推向没落的深渊，如图 1-3 所示。

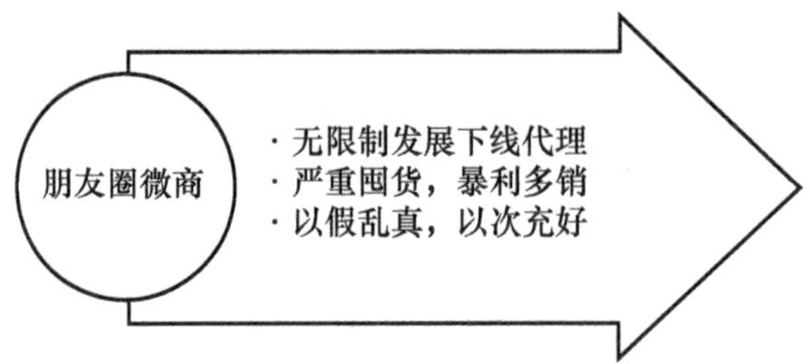

图 1-3　朋友圈微商没落的 3 个主要原因

1. 无限制发展下线代理

层层代理的兴起，让不少人认为微商走的是“传销”路线，而有的微商也确实是通过无限制发展下线，从层层代理中获取暴利。那些号称“月赚百万元”的微商，他们的利润累积，并不是通过产品流通，而是通过发展层层代理来实现的，赚取的是层层代理的钱。

他们往往只需要往推广的产品上贴个牌，辅以夺人眼球的照片，通过朋友圈等社会化媒体大肆传播，贩卖故事和情怀，层层代理就在这中间圈定，赚钱之事便悄无声息地完成了。

2. 严重囤货，暴利多销

通过对朋友圈贩卖的产品进行分析，发现朋友圈卖货有两个取向：非标准化产品居多，唯低价是取。这些产品通常具有利润高或需求旺的特征，而且通过与厂商协商，往往能以较低价格进货，之后，要么是暴利多销，要么是薄利多销。但这跟囤货有什么关系呢？这就又要回到发展代理上来说了——囤货才能更好地做代理。

使微商囤货的状态有两种，一种是畅销产品或暴利产品直接囤货，做代理；另一种微商是抱着试试的心态先做代理，有利可赚之后再转囤货做代理。

3. 以假乱真，以次充好

朋友圈微商，往往以小、散、乱为特点，较 B2C 微商模式缺乏完善的交易机制和维权机制，因此朋友圈微商容易出现以假乱真的现象。这些我们可称之为不良商人的微商，通常他们会巧妙地利用网银转账截图软件、微信对话软件、PS 修图等工具，晒经营成果、交易数和交易额，制造视觉冲击，甚至稍微有点规模的微商还会找明星代言，在朋友圈里营造一种“供不需求”的虚假感觉，混淆人们视听，造就代理赚钱的“事实”，挖坑误人。

微商为何没有想象中那么好做

微商发展到今天，似乎给人们造成了一种坐地生钱的感觉，很多人认为微商就是简单地在朋友圈做产品推广，无须像 PC 端电商那样需要投钱装修店面、进货、发货，然而，事实是这样的微商只能卖面膜等化妆品和服装等产品。因为，无论是 PC 端还是移动端，商品交易的本质仍旧是传统上意义上的，并没有改变。

1. 货源决定销售产品质量

高品质的货源主，他们往往也需要找高品质的销售商，这就决定了高品质的货源一般不是轻易就能拿到的，所以，在朋友圈里，出现层层代理也是这个原因——只能通过别人手中的货源来进行分销，而这样也就导致朋友圈产品同质化的同时，产品质量也处在一个劣质和廉价的境地当中。

2. 卖家的局限性

朋友圈的卖家主要以个人为主，且多数将经营微商当作辅助经济来源，只为追求短期利益，这就决定了他们思维的短视，导致急功近利的行为，其表现即为频繁而不负责任的刷屏，从而破坏了朋友圈的生态体系，导致信任不再。

微商不仅仅是在朋友圈卖货，在我看来，微商一如一切经商，只有为客户带去精准有效的价值，才能赢得客户的信任。所以，经营微商不能仅仅扮演一个售货员，还要扮演好推荐及价值分享员的角色。

3. 品牌商并未进入朋友圈

朋友圈微商所经营的产品多出自闻所未闻的品牌，然而，由于目前信息的不对称，为了将手中产品变现，他们往往会将这些名不见经传的品牌包装成高大上的国际品牌。虽然会有一些“不明真相”的用户在这种种蛊惑下冲动购买，但这样的销售行为类似于欺骗，仅仅只能获得短期利益，而对于要长期发展的微商来说，这种行为还是一种釜底抽薪式的自我毁灭。

微商发展势不可挡

尽管微商存在着诸多问题，但我们也看到了它势不可挡的发展趋势，它背后的移动互联网去中心化和流量汇聚的逻辑价值让人坚信微商的未来是值得期待的。

1. 无论是 C2C 微商还是 B2C 微商模式，它们的存在方式即宣告了去层级、去中介化的商品交易的到来

只要你用一种正确的方式去利用这种营销渠道，而不是停留在简单粗暴地刷屏卖货方式上，不去骚扰用户，而是实实在在地为用户提供有价值的交易信息，积极引导用户去消费，随着移动互联网的发展，其前途是不可限量的。

2. 去中心化的移动电商正在崛起

如前文所说，移动互联网的去中心化逻辑，正在引导人们转变消费观念和方式，而这种厂家与消费者面对面的交易也是一种双赢的追求。聚美优品高级副总裁刘惠璞曾在“第九届中国网上零售年会”上表示，一些高质量的海淘产品目前只有在朋友圈才有，天猫、聚美优品等国内前沿的电商平台却没有发现相似的产品。那我们可以据此想象，去中心化的微商将是为人们带来更加便捷地连接人与商品、人与服务的渠道，其带来的消费红利将是这个市场发展的远大前景之一。我们可以说，代购的市场将非常广阔。

3. 品牌商的到来，品控将会得到保证

各大厂商也开始陆陆续续进入微商行业，他们的到来，不仅为微商带来了好的货源，也带来了成熟完善的交易机制和维权机制；在品牌商对品质进行有效的把控下，成熟的微商一定会大规模地发展起来。而未来微商的发展模式也会从 C2C 的个人微商逐渐走向以团体机构以及企业发展的 B2C 微商。

4. 基于朋友圈的信任经济的需求

虽然互联网购物为大家节约了很多逛街选商品的时间，但是其海量的 SKU 仍然是阻碍消费者便捷购物的一大因素，淘宝的 10 多亿 SKU，就为用户挑选产品带来了极大的麻烦，且互联网上的产品同质化竞争日益加剧，其后果是各个卖家在追求利润的驱使下，在店铺销量及商品评价上都开始大量作

假。而基于朋友圈的微商，虽然不如淘宝等 PC 端网购平台那样的物产丰富，但它是一种在信任中发展出来的分享经济——先有信任，后有分享。

在这个粗制滥造时有出现的时代，基于社交而建立的朋友之间的信任将会加深人们对产品的信任，而许多人也都喜欢通过朋友推荐来进行消费。今后，通过分享和推荐产生的商品交易将会越来越多。

去中心化的微商时代到来

互联网预言家凯文 • 凯利在最近的一次演讲中提到："未来世界会不断在科层制中去中心化，分享和移动化将是趋势，创新将来自前沿和边缘。"

随着移动互联网的进一步发展，微商的去中心化，会使消费者在未来摆脱淘宝、京东等购物平台，彻底打破目前信息垄断与不对称的局面，人人都可以成为微商平台。而基于社交产生信任关系及情感连接的微商平台，将会通过交流互动、分享推荐与社群价值导向等方式，促进商品交易的进一步实现，微商作为一种移动社交电商的发展模式将成为可能。

微商1.0到微商2.0：新商业环境下，微商的转型与进化

任何一个新生事物的兴起与发展都会经历一个备受争议的过程，以星火燎原之势兴起、发展的微商自然也逃不过这个命运。业界人士对其发展前景褒贬不一，有人认为微商会如传统电商一样引领时代风潮，也有人认为微商就像是传销的代名词一样，前途堪忧。然而，不管评价如何，微商经过了摸爬滚打已然从争议的夹缝中发展成为了移动电商时代的主打歌。

其实，也难怪有人不看好微商的前景，实在是因为微商在兴起之初着实

“疯狂”，各种商品在朋友圈内铺天盖地地泛滥着，还有不少商品出现造假现象，等等。幸而微商并没有一直疯狂下去，在经历了一系列的挫折之后，终于渐渐冷静下来，回归理性了。

2014 年，微商在火爆与饱受争议之间步履蹒跚地走过了一年，有的盆满钵满，有的却颗粒无数。那么未来几年，微商又会有怎样的发展呢？微商发展趋势如图 1-4 所示。

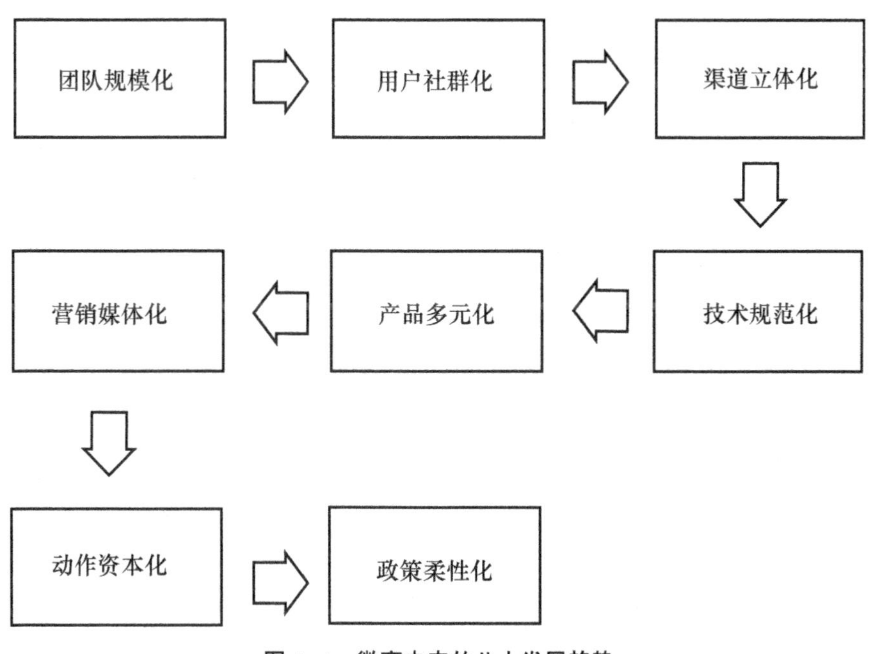

图 1-4　微商未来的八大发展趋势

趋势一：团队规模化

最初，微商是活跃于朋友圈的个人商业行为，以不断地发送产品图片和介绍为主，之后因频繁刷屏而引起大众的反感。可能是尝到了甜头，越来越多的人加入到了微商的队伍，于是朋友圈内刷出的微商越来越多，刷出的产品却越来越趋同，所以竞争力越来越弱，渐渐地就被淹没在微商的大潮之中。

或许正是因为竞争的激烈，各自为战的个体微商的创业之路越发艰难，由此也激发了团体作战方式的崛起，韩束等品牌采用的集团作战使他们在市场上拥有了一定的竞争力的同时，也加剧了市场的竞争形势。

诚然，在激烈的市场竞争中，采取集团式作战或是相互抱团的方式来提高自身的竞争力是比较可取的，但是在如今的形势下，微商团队实现规模化也并不意味着不会有陷阱存在。

绝大多数微商的交易模式还停留在传统电商时代，这对于其发展是比较危险的，在产品得不到互联网化之前，微商的发展前景实在堪忧。也就是说，现在微商仅仅只有微店是没有竞争力可言的，毕竟再过几年有可能每个人都会是微商。这种看法不无道理，所以团队规模化既是一种机遇，又是一项挑战，能否在微商大军之中赢得先机还需把好微商的脉。

趋势二：用户社群化

微商这种经济活动毕竟是依托于移动社交而存在的，其首先面对的就是与之有着共同或类似兴趣爱好的同好，以及在情感上可以产生共鸣的朋友，而这些就是社群化得以建立的一个基础。

这种社群化不像那些著名的微信公众号那样有着强大的用户基础，也不像那些公众人物一样有着强大的影响力和号召力，但有着自身“小而美”的优势——既可以成为流量的一个入口，又能够灵活地变换新的方式。所以，它能够将品牌通过口耳相传的方式传播出去，还能够将商家之间以及与用户之间的资源进行置换。

移动社交不能够脱离社群而存在，微商的发展自然也需要依仗社群，同时也会受到社群的制约。社群在拥有独特优势的同时，也有着难以克服的劣势，那就是固化和中心化，而这两者正制约着微商的进一步发展，使得微商不能够更广泛地拓展商品种类。在 2015 年这个微商发展十分关键的年份里，挣脱社群劣势的桎梏，使之可以进行裂变式传播，是十分重要的。

趋势三：渠道立体化

尽管现在微商还是在一个相关制度不健全的条件下发展，但是已经逐步地迈向专业化了。而在这个走向专业的过程之中，与之相伴的还有渠道结构的立体化发展。

微商，有望建立成一个系统化的发展模式，各个流程的参与者都将被纳入这个系统之中，并进行有机结合。届时，无论是厂商、批发商，还是零售商、代理商，甚至包括消费者，都将置于一个有机、有效的良性发展环境之中，而微商的渠道网络也将会进行高效率运作，还能够将微商从压货的压力中解救出来，让他们可以免除后顾之忧地向前发展。

微信之父张小龙不止一次地提过微信要去中心化和去中介化，此番言论引起的是一片哗然，多数人认为微信本就是中心化平台，又何谈去中心化呢？

而去中介化更是一个伪命题。尤其是对微商而言，一旦微信真的去中心化，好不容易开始走向规范的微商市场就会被扰乱；而去中介化更是不可能，因为那意味着信息不对称的情况会被消除，而微商本就依靠信息不对称化来盈利。

趋势四：技术规范化

微商虽然有多种表现形式，但是朋友圈卖货一直占据着大众的主要视线，并一度成为了微商的代名词。当曾经席卷了所有人的朋友圈的刷屏卖货不再适合微商的发展，微商就需要寻求更适应自身发展的规范与需求，这时就需要技术来提供帮助了。在微商目前的交易流程中，存在着的乱象不仅使消费者望而却步，也使得商家极为头疼，而使用技术手段来进行规范和调整就是所谓的技术规范化了。通俗地说，就是使用一定的技术手段，构建微商新的活跃平台，比如微盟推出的 SDP 平台。

尽管技术规范化是解决问题的一大利器，但并不容易实现。当前的微商毕竟还处于蹒跚学步的阶段，自身能力不够强大，无力面对技术规范带来的高成本，所以要么选择依附平台，要么选择第三方发展，别无他法。这同样也有风险——如果监管得当还好，万一监管不利，淘宝早期的困境就会重演。

趋势五：产品多元化

很多人都将微商与淘宝视为同一种类型的电商，只不过是平台与运营手段有所不同而已，看上去的确如此，充其量再多一个移动电商与传统电商的区别。

其实，这种认知是不正确的，因为微商在产品的多元化方面与淘宝有着很大的不同，它更适合做非标产品的销售。所谓非标产品，是指那些没有按照国家规定的标准和规格制造，而是根据使用者自身的需求来设计制造的产品。在这个彰显个性的时代里，小而美的产品持续走俏，有着独特风格以及明显差异化的产品极受大众欢迎，尤其是年轻一代的欢迎，而微商的主要受众群体也正是这批年轻人。而非标产品能够最大限度地彰显个性化，更是得到了诸多年轻用户的青睐。

财经作家吴晓波在演讲时提到，在未来的商业世界中，一切品牌都将人格化。简单来说，就是将品牌赋予人的特性，品牌的格调与情怀等彰显出与众不同的差异化。其实，这也属于产品多元化的一种。可惜，如今的形势下鲜有人能够真正做到这一点。

趋势六：营销媒体化

微商活动能够顺利进行的基础是信任，其交易的本质也在于信任二字。所以说，在这一点上，微商和传统电商并没有什么不同，只能说信任的比重可能会稍微高一些。但是，除此之外，其他都有所改变。

在传统电商时代，消费者都是有了一定的需求才会选择购买，与商家之间就是简单直接的买卖关系；而在微商时代，消费者首先是对商品有了一定的认知，然后根据是否感兴趣或是需要再决定是否购买。

一直以来，对于电商来说，沉淀用户是其发展的关键。从这一点上来说，经营得当的话，微商基本可以做到，那也就意味着营销和传播等手段必须要跟上。只要产品有着足够的亮点，不管是有情怀也好，有溢价空间也好，都能够通过社群或粉丝的力量充分地传播出去。

在微商的营销方式中，最节约成本的莫过于营销媒体化，主要是利用媒体思维来武装微商的营销活动，这无疑是最为简单而效果却最为明显的方式之一。

比如，助力思维，这是属于病毒式传播的一种思维方式，主要是通过朋友之间的转发来实现快速传播，从而达到全民关注的目的。微商所依托的微信平台，本就是一个盛产内容的平台，就看谁能够抓住这一点来进行充分有效的传播了。

趋势七：运作资本化

在 1000 多万的微商之中，虽然不乏团体作战的集团式卖家，但各自为营的散户还是占据大多数，规模效应只是初见雏形，真正达到一定影响力还尚需时间，如今的微商世界还属于混战阶段。然而，资本根本等不到建立好秩序再进入微商领域。随着资本越来越多地注入，微商市场的混战会越加激烈，市场最终会走向何方，谁也不能保证。

所以，面对风口浪尖上的微商，有人看到了商机，有人却看到了泡沫。但是，商机转瞬即逝，新生事物的发展也都有着扑朔迷离的阶段，只有去尝试，才能找到答案。

趋势八：政策柔性化

微商，已经站到了命运的十字路口，其发展亟须政策法规的制定与完善。公众将微商的营销视为传销并不仅仅是误解，事实上，有些微商的营销手段已经在向传销靠拢了，如果没有一定的政策法规加以规范，极有可能造成严重的后果甚至危及社会。

所以，国家必定不会袖手旁观。而即便没有向传销的方向发展，微商也存在着一些恶意营销的手段，这势必会对微信的声誉造成一定的损害，微信官方也一定会拿出相应的措施来进行整顿。面对这一情况，无论是国家还是微信官方，都不会制定太过严苛的政策，反而会向柔性化靠拢。这是因为，作为一种新型的商业体，微商能够促进就业并带动创业，对社会安定来说同样有着不小的贡献，而微信朋友圈的活跃也在很大程度上依赖着微商。

其实，微信用户应该早就发现了，朋友圈广告已经悄悄地出现在了大家的朋友圈里，是微信官方以“微信团队”为名发布的。当然，微信用户可以根据自己的喜好来选择看与不看，感兴趣者可点击“查看详情”来了解详细的广告内容，而不感兴趣者则可点击“我不感兴趣”来拒绝接收此类消息。且不说朋友圈广告能为微信官方带来多少盈利，它的出现已然证明了微信官方对微商政策的柔性。

我们并不知道，政策的柔性能够将微商推向哪一步，但我们知道，未来面对的微商，将会是一个可以放心交易的制度完善的购物平台。

在腾讯与阿里巴巴的对战之中，微信是腾讯手中最后的一张王牌，而微商则是王牌中一柄利刃。但是，微商这柄利刃能否出鞘取决于它能否拥有正确的思维方式，因为微商和淘宝在卖货方面其实就是平台的不同。如果微商沿用淘宝思维，那么这柄利刃有可能就会生锈；如果微商确立了媒体思维，那么这柄利刃必将出鞘，大杀四方。

圈人、圈地、圈钱：微商2.0时代，构建良性的微商模式

微商的兴起，伴随着褒贬不一的眼光。褒的是它基于微信这种信息社交平台带来的新型商业模式和大量微商在财富中的崛起，贬的是它兴起的方式——层层代理，这种类似传销的手段，带着商业模式后退的意味。另外，微商在朋友圈的频频刷屏也是为人们所诟病的一点，为微商的朋友圈扩大带来了不小的阻力。

那么，微商要具体怎么做，才能充分发挥微信社交平台优势，恰到好处地完成圈人、圈地和圈钱呢？其关键还是在优化经营理念。那么如何来优化才能达到良好的效果呢？在通过分析对比目前微商的发展模式、营销手段等之后，可以从图 1-5 所示的 6 个方面进行思考。

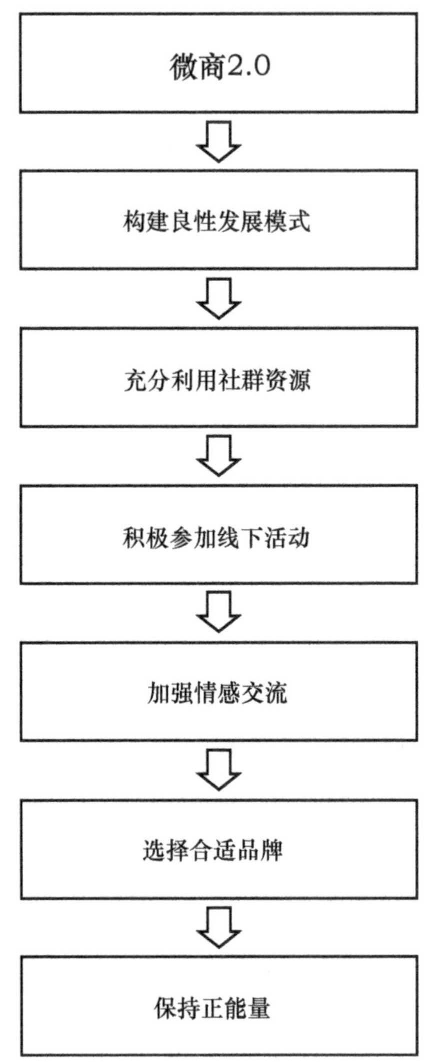

图 1-5 微商 2.0 时代的主要发展策略

构建良性发展模式

目前，微商的发展模式主要有层层分销微商模式、直接卖货微商模式、平台模式（微店、货源平台）、O2O 模式（线上线下对接）。随着这几种模式的不断深入发展，粗放式的经营局面将逐渐改变，微商会呈现出以下几大转变。

1. 朋友圈微商将升级为平台微商

2014 年朋友圈的扩展成就了一批化妆品等领域的微商，但风光的背后，频繁刷屏和疯狂的层层代理商招聘导致人们嘘声不断。这种营销方式，在以私密性与强交互性著称的朋友圈中显得既简单且粗暴，仅从用户体验上来说，未来这样的刷屏模式将被淘汰。

也正因为如此，在早期朋友圈红利期过去后，平台微商开始兴起，为人们的微信购物提供了更好的购物信息和体验。目前，已有大部分微商开始转型，拥抱拍拍微店、口袋购物等平台微商。

2. 个人微商将转战团队微商

这基本是一个没有争议的转变。目前的微商，深刻面临着产品同质化和行销渠道单一化的问题，仅靠低价优质已不能满足市场竞争。为争夺有效客户，实现做大做强的目标，必然要求微商要组建自己的团队，从各个方面来提升自身营销能力，从而实现利润增长。

3. B2C 微商模式崛起

微商的风生水起，吸引着越来越多的传统品牌入驻，这些传统品牌背后都是企业级的团队，它们的到来，将会推动 B2C 微商模式的发展。

这种从企业直达消费者的微商销售模式，有着较大的优势，无论是货源、管理还是交易，它们都将给予消费者信心保障，也在产品和项目选择能力、计划性推广、系统的活动策划及售后保障上为加盟的微商提供支持，并且可以依靠平台来进行规范和管理。

4. C2C 微商模式的深入发展

面对微商，好友的评价和推荐在人们的购物决策中越来越重要，这也是微商能够迅速崛起的原因之一，所以，C2C 的模式还将获得深入发展。以口袋购物微店为例，自推出以来，被吸引入驻的微商就多达 1200 多万家。

这种以个性化和精准推送为特点的电商导购型 App，立足于人人都可以在其中开店的诉求，开发出直接卖产品或者抽取佣金的微商运行模式，这也是一种比较良性可持续的模式。

充分利用社群资源

随着微商的发展，“社群经济”这个词渐渐火热起来，不亚于“粉丝经济”，它与“粉丝经济”一样，其关键都不在“经济”二字，而在于“社群”，是“社群”带来“经济”。而社群的核心价值就在于为会员提供有效价值，有价值的社群才有生命力。

目前，微商社群主要有两种类型。

1. 明星式社群

这类社群主要积聚一些牛人、大咖，这类人能言善辩，观点犀利，常常能引起轰动的话题。

2. 服务型社群

这类社群多属专业领域，以分享和互助为目的，将有价值的外部资源分享到社群内来对接内部资源。

然而，无论是哪种类型，在社群中，通过贡献资源、信息和智慧来获得社群的认可，都是玩转社群的标志。当然，这样的贡献不是免费的，我们从中同样也能获得回报，比如社群中的某个会员可能会因为你的信息共享而成为你产品的代理，或者因为你们在价值观点上的一致而成为事业合作人，更有甚者，或许仅仅因为你常常对一些事情发表的睿智观点而成为某个企业发展的顾问或者说智囊团，等等。

在这个互联网时代，在这个讲究“抱团取暖”的社会，发展好社群关系，就等于发展了你的网络人际资源，社群不仅能给你精神支持，也能给予你物质支持，当你的社群不断发展壮大之时，也是你的微商之路越走越好之时。

积极参加线下活动

前文说到这是一个“抱团取暖”的社会，随着微商群体的不断发展和壮大，仅仅靠着网络的连接已不能满足人们交流的迫切愿望。

2015 年，微商的线下活动越来越多，现场也都非常火爆，那种火爆的交流场面，只有深入到现场才能感受到的激情澎拜的氛围，这是网络所不能代替的。俗话说得好，“线上一千年，不如线下见一面”，所以建议大家多去参加这些线下活动，与同行面对面交流，不仅能积累人际资源，还能顺势借势扩大自己的影响。

参加这些线下活动、积累人际资源的同时，也是你一次免费学习知识和别人成功实操经验的机会。所谓人际资源即财脉，多看多问多学，在这些下线活动中你总能从别人身上见识到、学习到东西。

而所谓及时顺势借势，就相当于要学会在这些线下活动中为自己增加营销资本，这一点对于团队微商尤其重要。例如，在广州的一次微商活动中，就有微商团队打着自己团队的横幅到处找微商大咖、品牌创始人等合影拍照，为自己团队积攒无形资产。

聚会，这种古老的信息交流场面，千百年来仍然发挥着连接人们的积极作用。通过聚会，面对面地交流，不仅能增强彼此的信任感，也能增进彼此的情感交流，从而增强人们之间的联系，谁说不能将你们共同的事业奋斗目标更加紧密地绑在一起呢?

加强情感交流

在广州参加微商世博会时，一个东北微商的故事，带给我特别深的感触。

2014 年，他的微商事业出现了瓶颈，很多代理商，其中不乏一级、二级代理跟他抱怨说很累而且不被人理解，所以不太想继续做下去了。在愕然之余，他迅速开始给代理们不分昼夜地打电话，耐心地沟通，找问题，想解决办法，这样持续到第 5 天时，他说那时打电话都打到快吐了，但是看看那一长串的代理名单，他还是坚持下去了。

最后，在他整整花了 15 天的时间来跟代理们沟通之后，他的代理们坚持做下来了，并且都做得很成功，与他的感情也越来越深厚。这就是情感的力量。

为什么你做微商会被人拉黑甚至删除？我认为很大一部分原因就在于缺乏情感的沟通。人是情感动物，每日生活总也脱不了情感的纽带。有时，利用社交软件，诸如微信、QQ、微博等交流，其效果是不如见面或者电话沟通这些方式的，因为这两者相对于网络的虚拟，带给人们的感觉更加真实，也更能够传递情感的温度。

选择合适品牌

在商品交易中，人们最看重的莫过于产品的质量，最痛恨的莫过于假冒伪劣产品。就在前不久，一条某微商因为卖假货而被判处有期徒刑 3 年的新闻，在朋友圈里被大量转发，转发者中不乏做微商的朋友。

无论是在什么平台，销售“三无”产品、假冒伪劣产品都是国家层面严厉制止打击的，作为微商存在的微信平台开发者腾讯对此亦是态度坚决，“3·15”时其发布的《朋友圈使用规范》里面就明确地提到了这一点。

所以，无论是已在做微商的朋友，还是准备做微商的朋友，都要擦亮眼睛，选择质量过硬的产品，更直白地说就要是要选择对的品牌，因为我们不能决定生产环节，那就只有选择好的品牌。

目前，通过微商渠道销售，占比超过 30% 的产品越来越多，尤其是化妆品，有的品牌通过微商渠道销售，甚至超过了 90%。所以，如果没有一个好品牌做强有力的支撑，在当前严峻的同质化产品竞争形势下，很容易就会被同行蚕食掉生存空间。

保持正能量

正如前文所说，微商的发展渐渐迎来了转变的时机，并正以迅雷不及掩耳之势蔓延全国。无论是千亿元商机还是膨胀的泡沫，微商在外界褒贬不一的情况下走到今天，各种心酸大概也只有微商们才有真正的切肤体验。

作为新事物，微商不仅需要外界更多的理解和支持，持续不断地给予他们鼓励和信心，也需要微商从业者们能够坚定自己的脚步，知道自己的路在哪里，知道自己的路怎么走，保持一颗正能量的心。

马云说：“看不见、看不清、看不懂、来不及。”真是一语中的的新事物发展的真实写照。微商在短短一年时间里就拥有了超过 1000 万户卖家，发展迅速；而今天国内最大的电商平台淘宝，在其发展之初用了 10 年，卖家也没有扩展到超过 1000 万户。这也让人们乐观地认为作为移动互联网高速发展下的创新产物微商会成为下一个淘宝，创造一个投入更小而发展更快的商业发展模式。而微信上线的朋友圈广告，更是其商业化上的里程碑事件，同时也说明了微信官方对微商的信心。

另外，微商作为一种新型的商业体，正在成为拉动我国就业数量的不可忽视的力量。中国信息经济学会发布的报告称，微信带动的就业数量已达到 1007 万人。这些数据让我们有理由相信，微商会迎来属于它自己的大发展。

微商2.0平台模式：第三方店铺+微信朋友圈+微信公众号

基于微信平台发展起来的微商在经历了星火燎原般的发展之后逐渐沉寂了下来，原本“矫健”的步伐也变得蹒跚起来，尤其在近期，微商仿佛走进了一条“死胡同”，其代理模式的“深坑”已经凸显，层级已经达到了个人级，作为微商团队里的“正规化军团”——品牌微商也有了退场之意。如果微商整个行业不想就此沉寂的话，转型是当务之急，而平台化迁移已势在必行。

既如此，那些微商平台如微盟等必定会在接下来的日子里有所行动，探索转型之路。此时，谁能够抓住这一机遇顺势助微商转型，并将之纳入自己的运营体系之中，谁就能够在将来的移动电商市场上占据有利地形，在即将到来的大洗牌中站稳脚跟。

那么，在如此形势之下，活跃在市场上的诸多微商第三方平台，谁能抢得先机并脱颖而出呢?

重塑行业信誉是关键

现在看来，微商的发展历程颇具戏剧性，其兴仿佛在一夜之间，其陨也几乎是在瞬息之间，繁荣之时被各方追捧，落败之后被多方诘责。而这种像坐过山车似的骤然败落也并不是毫无来由的，究其根本原因有二：一是没有足够力度的信誉监管，以至于出现了假货泛滥的现象；二是层层代理的发展过程没有限制，常被指认为传销，令人谈之色变。于是，在这两记重拳打击之下，微商可以说是命途堪忧。

如今微商的市场环境已经十分惨淡了，又受到了部分不良微商的拖累，消费者对其已经有了抵触防备之心，转型之路其实并不好走。虽说目前平台化迁移是趋势，但摆在眼前的两大根本难题也不是那么容易就能解决的，一旦解决不好，微商的命运走向不言而喻。

也就是说，要想抢得微商第三方平台的未来之战的先机，就必须抓住决定战争成败的关键点，前文所说被不良微商所累的“信誉”就是这个重要的关键点。当然，仅仅抓住是不够的，还需要制定出解决这一关键点的有力措施，如此才能在未来的商战中占据领先位置。所以，**逐步建立起信誉是第三方平台迫在眉睫的重要任务，在此基础之上才能够促进微商的转型。**

平台需要帮助小微商引流成长

席卷朋友圈的行为与无限制地发展代理使得微商一直都被大众所误解，大多数人简单地认为微商就是朋友圈卖货，只需要不停地刷朋友圈，甚至有不少人将微商误解为是传销，其实这主要是源自于微商从事的商业行为的特殊性。

在微商从事的商业行为中，依托的社交网络如微信仅仅作为一个工具而非平台基础而存在，微商若想将货品卖出去，需要自己去打造并获得流量入口。也就是说，引流的重任需要微商自己去承担。

其实，社交网络上的商业行为由来已久，在“微商”这一概念还未出现之前就已经存在了。那时，引领这一行为的主要是那些社交网络上的社交达人以及大 V，在此方面，拥有大量粉丝的他们仿佛有着天然的优势，而双方之间也有着信任基础。然而，这并不能够成为社交网络商业行为的主流，因为社交达人也好、大 V 也好，都不是普遍存在的，主流还是那些并不具备这些优势的普通人。

但是，这些社交达人和大 V 的粉丝并不是凭空出现的，而是有着长期的积累过程，所以，我们现在才能看到他们振臂一呼响应者众。身为普通人要做微商的话，面临的最大问题就是如何才能在最快、最短的时间内积累起那些社交达人和大 V 花费了几年才聚集起来的粉丝量。除非是此方面的运营高手，否则这个问题是几乎不可能得到解决的。

可是，事实证明，这看似无解的问题还是被微商们另辟蹊径地解决了，他们是怎么做到的呢？首先就是对早期从事朋友圈营销的微商进行包装，塑造出一个个快速致富的成功典范，再将这些故事通过社交媒体传播出去，营造出一种传奇效应，最终使得整个社交网络都随之沸腾。

作为一种移动社交电商，微商绝不只是朋友圈卖货这么简单，所以，它势必会走向平台化。但是，这仍然不能够解决困扰微商多时的流量问题。传统微商主要活跃于朋友圈内，那时获得流量入口需要自己努力，而今平台化迁移使之有了正规的移动网店，但如何获得流量入口的问题犹在。在此形势下，第三方平台可谓任重而道远。

目前，小商家在淘宝体系下的生存已经更加艰难，如果没有足够的经济实力去购买直通车或是参加各种活动，就几乎得不到任何流量支持，无奈之下，电商只得另寻生路，开始向微商转移。微信第三方平台若能解决这一关键问题，那么平台化迁移才有意义。

 分销体系VS代理模式

之前，微商无限制地发展层层代理的行为被妖魔化，被认为是一种传销，所以，各类第三方平台都吸取了教训，致力于改善这种情况，并建立起分销体系来转移大家对代理模式的注意力。事实上，这是回归了体系的本质，因为**被大众所误解了的代理模式本身并没有不妥之处，只是在龙卷风般的发展中走偏了轨道而已，究其根本也不过是一种异变的分销模式**。

在传统的分销模式中，线下的实体店虽然有着各种成本的投入，但毕竟是落地的，只要能够保证产品与服务质量，选址得当，再佐以适当的宣传，前景还是非常可观的。但依托于社交网络而生存的微商就不同了，尽管它并没有房租、设备等成本投入，却是悬在半空中落不了地的，如果社交网络上的消费者不买账的话，只能落得个稳赔不赚的下场。

其实，说来说去，还是回归到了流量入口这一关键问题上了。看上去，微商在朋友圈内混得是风生水起，可实际上呢？且不说朋友圈内并没有足够多的人，就是真有了一定的人际基础，能真正发展成商业关系的又有多少呢？即便是有相当一部分人实现了消费行为，你又能够从中获得多少收益呢？除非你能够保证朋友圈内大部分人能够经常购买你的货品，或者是你所销售的货品极为暴利。

当然，此种情况也不是绝对不会出现，但一般来说还是属于理想化的状态。绝大多数人的朋友圈里的人数都是非常有限的，就算是有上千人那也是陌生人关系，要完成销售转化是相当困难的。另一方面，能够真正拿到暴利的货品的人必定不会很多，否则也不会出现大量假货泛滥的情况，在这样的情况下，想要以量取胜的话，好像除了发展代理也别无他法，所以，我们就

看到了代理产品化在微商业内大行其道。

如今，事实已经证明，代理模式非但无法助力微商发展，反而成了其前进路上的阻碍，那么回归到本质的分销体系就成了必然之选。然而，如前文所说，代理模式本就是分销体系的一种异变，所以，分销体系也难保不会发生再一次的轨道偏离，于是第三方平台的监管就显得至关重要了。

微商最终将走向社群

抛开目前微商业内繁杂的现象去追究其本质的话，我们会发现，其实微商并不像人们以为的那样门槛很低，至少比之电商要高得多。在如今的移动互联网经济时代里，最受大众瞩目的“场景”与“社群”其实才是微商的关键所在，也就是说，微商是在场景下发生的社群关系。

在传统互联网时代，重要的是平台规则是否利于电商发展、店铺设计能否吸引到消费者光顾，而不是需要耗费更多心思与精力去经营的社群关系。然而，到了移动互联网时代，“场景”与“社群”的概念浮出了水面并渐成网络经济的关键词，此时的微商仿佛无根的浮萍，没有平台支持，于是微商就需要绞尽脑汁地去累积人气。而且，微商的存在是依托于社交网络的，所以，对社交媒体的运营就超越了产品等其他事宜，成为了微商的运营重心。所以说，**做微商，最重要的不是推销产品，而是运营社交媒体**。

不过，做微商者众，但擅运营者寡，此时第三方平台的作用就凸显出来了，它可以为微商提供相应的解决方案以保证其社交媒体的活跃度与黏合性。

微商是基于微信平台发展而来的，尽管我们一再强调微商并不等于朋友圈卖货，但是微商与微信之间的天然联系还是切不断的，就算是微博卷土重来或是新的社交平台横空出世，微信也依然会是微商依靠的平台之一。

目前来说，微商主要依靠的平台还是微信。在此体系之下，微商可以通过收藏店铺、加好友以及微信公众平台 3 种渠道来积累用户。其中发挥作用最大的当属微信公众平台，它能够将微商的产品信息、商家动态、售后保障等及时地推送到消费者面前，这对于沉淀用户来说极为有利。与此相比，收藏店铺虽然同样可以做到沉淀用户，但其效果并不明显，因为消费者的忘性是非常大的。而加好友的渠道，则容易被限制在刷朋友圈的固有套路中，尽管刷的内容已经有所改变，但本质依旧。

综上所述，微商若想在如今没落的状态中重整旗鼓，必须营造一个全新的三级模式，我们姑且将之命名为微商 2.0 平台模式，如图 1–6 所示。其中第三方平台可为之提供店铺以及自身流量支持，朋友圈可为之提供分销商以及忠实顾客，微信公众号则可为之积累并沉淀用户。如此，成为一名优秀的微商自是不在话下了。

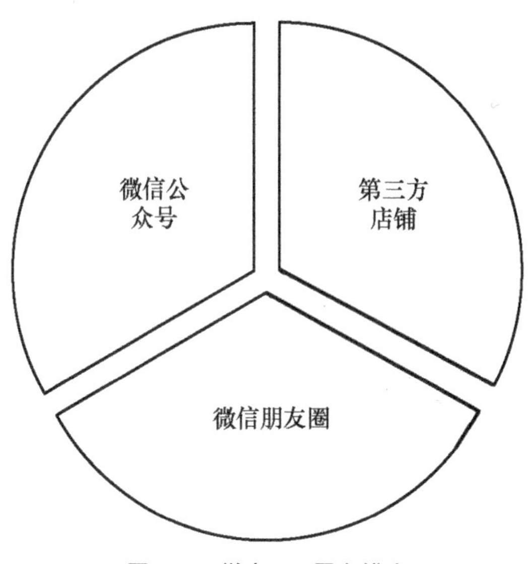

图 1–6　微商 2.0 平台模式

传统企业+微商2.0：移动浪潮下，企业如何嫁接微商2.0

微商作为一种新兴的行业，聚集了大量的个体创业者，其群体规模之大是其他诸多行业所无法匹敌的；在这个由个体创业者组成的群体中，一致采用了最微小的个体移动电商，利用社交网络挖掘客户，开展营销和传播工作。

同时，微商也是一群比较独特的群体，这些群体构成了一个行业，除了这些群体之外，参与微商的企业、供应商、设计以及物流等也都囊括在微商这个行业之内。

以上这两种认识是人们对微商的一种普遍认知和理解，关键词就在于微商行业和微商群体，原因在于这个群体的规模已经超过了 1000 多万人，而他们的行为也对国内几亿人口的生活带来了改变和影响。因此微商受到社会各界的广泛关注是理所当然的。

在我看来，这并不是微商的真正定义，要从根本上来理解微商还应该对之进行深入的研究和分析。

深度剖析微商

移动互联网的高速发展和社交网络的火爆促进了微商的产生，它是新时代一种行之有效的微营销模式，从根本上颠覆了传统的营销模式。在微商中，每个人既可以成为消费者，同时也可以成为传播者和销售者。这也是与电商以及传统销售明显区分的地方。

1. 传统渠道可以看作是一条水渠

在这条水渠上具体有超市、零售店、商场、专门店以及连锁加盟店等，它们都是一些物理空间单位，通常情况下只要占领了某个区域，这个区域的资源、消费者和收益等都可以归占领者所有。产品或品牌在消费者之间传播依靠的是口碑，依靠这些方式传播时间比较长，因此在传统营销中商家为了让更多的消费者了解自己的品牌和产品，大多数利用报纸、电视等方式进行狂轰滥炸的传播。

2. 传统电商则像是一个线上的超级购物中心

线上平台牢牢掌控着人流和信息流，商家做的只是静静地等待用户来浏览和购买，商家与消费者在完成交易之后，就会与消费者失去联系。在这种基础上，消费者与商家建立信任的依据就是其他消费者的评价以及商品在网站上的排名。

此外，消费者对商品的传播只能局限于评价，而不能扩散到平台之外，因此这也就极大限制了产品以及品牌的广泛传播，使得搜索和评价成为了电商的核心资源，平台以及刷单商家成了最大的受益者。

3. 不管采用哪一种经营模式，每一个微商首先都是传播者

虽然微商是由个体组成的，但是每一个个体所能影响的直接社交关系可以达到 500 人左右，而这个直接的社交关系通过对产品的转发还能进行二次和三次传播。此外，微商也是一种营销，是建立在通过社交网络所建立的信任关系基础上的，这也是微商营销模式与前面两者的区别之一。

在微商模式下，需要人与人之间的连接，一对一建立信任关系，因此很多人容易将微商与传销混淆。传销模式也是一对一营销，但是一对一营销的并不一定都是传销。传销是利用人性的贪婪，用巨大的收益做诱饵，通过夸张地宣扬发财致富的言辞来鼓动更多人加入自己的行列，通过拉人头、多层返佣的方式实现盈利。而微商模式并不是传统意义上的传销。

微商自诞生以来就带有移动电商的属性，同时也是特征比较鲜明的社交电商。每一个个体既可以成为销售者，也可以成为传播者，这样一来不仅可以帮助企业省去一大笔的广告费，同时可以让产品实现更快速的传播。

微商模式天然需要大量聚集在一起的营销者，因此就需要企业或者团队来对这些营销者进行整合，否则这些营销者就难以形成巨大的凝聚力，促进品牌的传播和销售。

微商2.0

随着微商的不断扩散和发展，微商也即将进入 2.0 时代。在我看来，微商 2.0 就是社交电商形成的一种状态，其标志性事件就是传统的企业和品牌开始迈入微商。之所以将其定义为微商 2.0，是因为传统企业在进入微商之后，微商行业出现了一种新的游戏规则，其主要特征如图 1-7 所示。

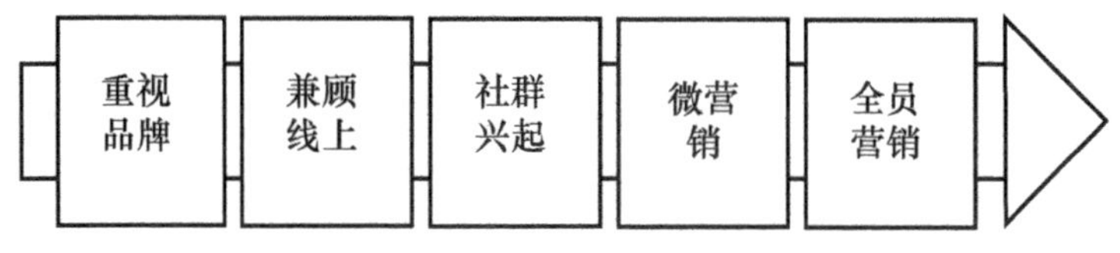

图 1-7　微商 2.0 时代的主要特征

1. 传统企业更加重视品牌

传统企业经营的多是消费者品牌，在经过了多年的经营积累之后，有比较高的品牌溢价，而微商上基本上都是渠道品牌，因此传统企业在进入微商行业之后会更加重视其品牌价值。

2. 传统企业以线下市场为重点，兼顾线上

在互联网发展所掀起的电商热潮中，很多传统企业开始转型做平台电商，但是转型失败的有很多，之所以会转型失败主要是因为线上和线下无法调和

的矛盾和冲突。正是因为转型的失败，使得他们对线上营销的利弊有了更深刻详细的了解。因此它们在进入微商之后，仍然将重点放在线下，同时兼顾线上。

很多传统企业在考虑和设计模式的时候都有这样的考虑，我认为这种考虑是合理并有必要的，以线下为节点设计微营销，会让传统企业更容易适应微营销模式，从而实现企业的健康、长远发展。

3. 社群兴起

移动互联网的发展也推动了社群的兴起，不管是对传统企业，还是中小企业和个体创业者，社群是其在新时代的一种有力的武器，社群也将成为未来社交电商实现突破的一把利剑，是微商 2.0 的一个重要特征。

4. 微营销成为一种基础性的营销配置

移动互联网的出现打破了物理空间所存在的屏障，每一个个体都可以同时担当生产者、销售者、传播者以及消费者的角色。而且未来的营销模式也将会是一种网状结构，阿里以及京东的移动终端依然是巨大的流量入口，掌握着大多数的流量，而微分销则会利用社交网络将这些平台电商上每个商家的人流和信息流实现重新分配和聚合。

5. 全员营销

对于传统企业来说，微商中能够快速利用的营销模式就是全员营销，但是很多传统企业并没有弄清楚微商中的全员营销与传统全员营销的区别。

传统企业的组织是一种中心式和层级式结构，在微信全员营销模式下，这种层级式结构就会被打散，变成一种节点化，企业的管理者和员工都会成为一个节点，产品生产—传播—营销—客服服务—市场反馈—再生产，整个流程将会变短，运作周期会缩短。这就要求企业应该具备较高的柔性制造能力，以便能及时适应市场环境的变化。

从目前来看，很多传统企业已经迈进了微商行业，但是大多数仍然还处在观望以及思考阶段，关于移动电商的培训已经非常火爆。而微信 2.0 的到来对传统企业来说或许是一个良好的转型契机，利用这些新机遇、新市场以及新模式，创造一种新的发展方式，以便紧跟时代发展潮流，在新的竞争环境中抢占一席之地。

微商生态之变：从俞敏洪投资“大V店”看微商未来趋势

2014 年 12 月 1 日，一家微信电商成功获得俞敏洪等人的投资，一时之间，各大朋友圈都在讨论这个叫“大 V 店”的电商。明星企业家的身份，使俞敏洪进军电商领域时备受关注，同时也鼓舞了普通的商家，纷纷试水电商。那么，微商的发展前景真的广阔吗？

提起微商，普通消费者首先想到的是微信朋友圈频繁的小广告刷屏，其次就是代购。而对于微商的看法，也是众说纷纭。我认为，既然微商能引起商业巨头的关注，那么它自身必然具备一些能够成功投融资的价值，也意味着在未来的一段时间内，微商还会继续发展。

为何要投资“大V店”

“大 V 店”将自身定位为“让妈妈和自媒体人轻松开店的微商平台”。它之所以将妈妈和自媒体人作为消费对象，主要有以下 3 点原因。

1. 时间的碎片化为“大 V 店”提供了商机

移动互联网时代，信息趋于分散化和碎片化，而这也成为微商能否抓住商机的关键。对于利用微信公众平台营销的商家来说，时机是最重要的，在合适的时间向消费者推送信息，更容易吸引消费者的注意。但对于“大 V 店”来说，背后操作信息的人更重要。

2. 微商的信誉得到保障

“大 V 店”是由一些在微博或是某个领域有影响力的人经营的商铺，这就决定了“大 V 店”自创办之初就拥有大量的粉丝，相比于其他微商，“大 V 店”已经拥有了客户。而俞敏洪等人也恰是看到了这一点，利用“大 V”们的公信力来保证产品的质量，实现微信变现。

3. 实现品牌效应与口碑效应

在一定程度上，微信充当着企业的客户关系管理平台，将“大 V”聚集起来的粉丝统一管理，把粉丝变为固定的用户，以便形成品牌效应和口碑效应。

 “大V店”面临的两大难题

虽然“大 V”凭借自身的影响力聚集了一批粉丝，同时使产品的质量也得到了保障，但“大 V 店”仍面临着两大难题，如图 1-8 所示。

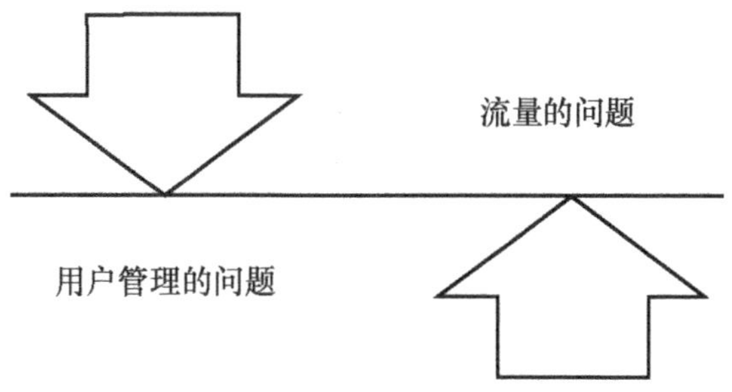

图 1-8 “大 V”店面临的两大难题

1. 流量的问题

即使是在移动互联网时代，流量经济已经失去了市场地位，但对于微商来说，流量依旧是一个不可忽视的问题。“大 V 店”虽然可以通过微信将忠实的粉丝变成潜在的用户，但从长远来看，还需要源源不断地增加用户，才能维持微商的经营。

2. 用户管理的问题

虽然“大 V 店”依托“大 V”们拥有了大量的用户，但如何管理这些用户也是困扰“大 V 店”的一个问题。同样是以微信为平台，但“大 V 店”与微信公众账号不同，它无法每天为用户推送信息，供他们学习分享；“大 V 店”以自媒体人为用户对象，在一定程度上，他们对自己所营销的产品理解还不深入，无法向用户推送一些有趣的信息。

此外，“大 V 店”是靠它的知名度与影响力来沉淀用户的，而依靠这种方式来形成用户黏性和忠诚度也存在一定的难度。

2014 年 4 月，口袋购物成功融资 3.5 亿美元，京东推出购物入口，消费者依旧静观其变。虽然微商是目前人们热议的话题，但对于微商的未来也是众说纷纭。未来，微商又会如何发展?

微商生态的五大特点

随着移动互联网的发展，消费者的消费行为和消费习惯也逐渐发生了改变，由被动地接收商品的信息转为主动地获取；同时，移动电商推出更加多样化的商品，也让消费者有了选择的空间。当当、京东、凡客等的转型，口袋购物获得巨额融资，让消费者看到了移动电商，尤其是微商的发展前景。

随着移动互联网的发展，社会逐渐趋于去中心化，消费者可以直接与商家交流沟通，反馈自己的需求。微商将呈现图 1-9 中的五大特点。

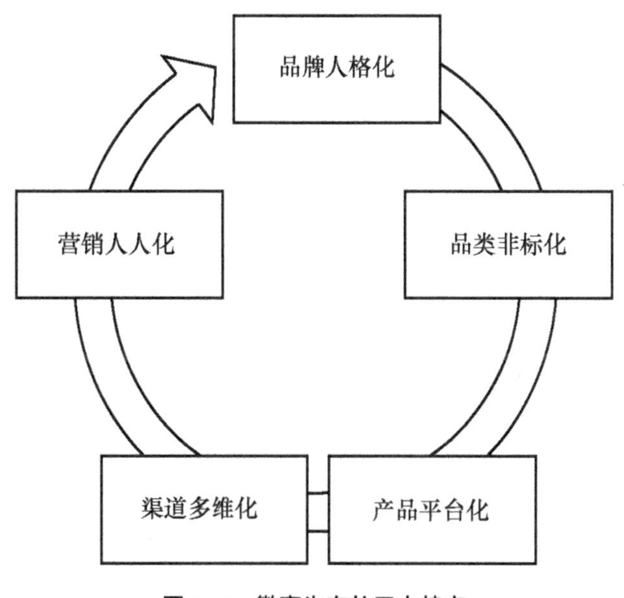

图 1-9　微商生态的五大特点

1. 品牌人格化

所谓品牌人格化就是将品牌赋予人的情感，从而影响消费者对产品的理解和看法，拉近消费者与品牌之间的距离，促使消费者认同企业的文化，理解品牌的内涵，从而沉淀用户，形成用户黏性和忠诚度。这意味着在粉丝经济时代，用户的消费行为已不再是单纯地满足需求，而是更加注重情感上的信任，用户会因为明星或朋友的推荐而进行消费。小米手机和罗辑思维就是利用品牌人格化进行成功营销的案例。

2. 品类非标准化

在移动互联网时代，移动电商不再根据国家统一行业标准生产商品，而是根据自身需要制造产品和设备。京东的 3C(计算机、通信和消费类电子产品）就以自身的需求进行定价、分类，区别于传统的商品。

3. 产品平台化

移动电商行业中的平台指的是打通产业链，将上下游连接起来，为移动电商提供服务。随着各大行业涌入微商市场，致使竞争日益激烈，微商为了抢占市场资源，势必深入挖掘产品的价值，带动平台也纵向发展，构成一个闭环商业生态系统。用户的消费行为、商家的发货、运输、反馈等环节，都在这个闭环中进行。

4. 渠道多维化

在移动互联网时代，流量同样占据着重要地位，尤其是在微商的营销中，更是发挥着不可取代的作用。众多的微商选择微信作为营销平台，关键是因为微信是移动社交流量最大的入口，可以为微商聚集到更多的用户。除了微信之外，QQ、陌陌、易信、来往、微博、博客等社交平台也能聚集一定的流量。

5. 营销人人化

随着移动互联网的发展，社会逐渐去中心化，人人都能参与到电商运营中来，消费者不再单纯地被动接收信息，反而主动地去传播信息。

基于共享的理念，会与亲朋好友以及社群邻居分享各种事物，如好玩的游戏、优美的文章、感人的视频、动听的音乐等，并随着互联网的发展，将这种分享行为延伸到线上，通过社交平台与陌生人分享信息。由于这种营销方式成本低、利润高、简单可行，受到众多微商的追捧。

C2C或B2C或两者并存

目前，我国的微商主要有两种营销方式，C2C模式和B2C模式。其中，前者以口袋购物为代表，后者以京东微店、微盟旺铺、口袋通微商城等“国家队”和微信“第三方”为典型。

以这两种营销方式为根据，自然地划分了两大派别：C2C 派和 B2C 派。两大派别各有优势，不分上下。C2C 派凭借着雄厚的企业基础抢占市场资源，而 B2C 派则利用社交平台聚合用户流量。在未来，这两种营销将长期共存，如同淘宝和天猫一样。

不论未来微商如何发展，毋庸置疑的是拥有两大社交平台的腾讯将是最大的赢家。2014 年 10 月，腾讯为口袋购物注资 1.45 亿美元，而在同年，腾讯还以 2.15 亿美元入股京东。因此，无论是代表着 C2C 模式的口袋购物成为电商行业的王者，还是代表着 B2C 模式的京东占据市场资源，腾讯都将是赢家。

传统微商的转型：“个性化+定制化”模式引领移动电商未来

现在提起微商，大家几乎都对它耳熟能详。微商已经深入我们生活中的方方面面，尤其在这两年，它的增长速度之快更是让我们应接不暇。不过，微商在给我们带来各种便捷的同时，也出现了很多问题，如信任危机、服务质量、代理和下线等。就是在这种形势下，微商一步步走到了今天。

然而，微商是只盛行一时，获取当前利益，还是着眼未来，谋取长远发展？这不仅仅困扰着微商，估计腾讯也不知道自己下一步的规划。不过，无论是微商还是微信，这条转型之路不是一蹴而就的，而是在互联网发展的过程中逐渐出现的。

信息不对等的C2C模式难以长久

现在从事微商行业的人虽然有很多，但是真正掌握货源，可以直接向供货商拿货的并不多。剩下的那部分人都是被微商的高额利润或外界宣传的微商的广阔前景所吸引，怀着一夜暴富的心理跟风进入微商这一行业。

我们先不说商品的质量与来源，就单单从销售模式这一点，我们也能看出其中的很多破绽。

互联网的出现的确让用户对信息的获取实现了对称平等，商品的信息与价格一目了然地摆在用户面前，这就是淘宝电商能获取用户信任与喜爱的重要原因。其实微商也完全可以通过移动互联网与消费者直接对接，但现在所谓的“微商”是依附着互联网电商而活，一级级的层级关系掩盖了产品的真实信息与价格。

比如，一件价值 100 元的衣服，供货商定的零售价是 1000 元，对衣服感兴趣的人就可以做代理，代理价格为 500 元，代理拿到衣服之后有两种选择，要么自己卖，要么找下线。

如果自己卖的话，你必须有熟人，这就是所谓的熟人经济。如果找别人卖的话，你就需要找到对衣服感兴趣的二级代理，并以 650 元每件的价格卖给他。二级代理如果同样卖不掉的话，只好再以 800 元每件的价格卖给三级代理，如此类推，四五级代理的利润已经很小了，干脆就留给自己或者送人了，于是一件衣服就这么被“卖出去”了。

这就是一种典型的层压式销售，商家关注的重点不是把产品卖出去，而是如何营造一种吸引下一级代理的假象。由此看出，现在的微商就像埋在冰山下的火种，在媒体中难以看到，但盛行于朋友圈、QQ 空间、微信群中。轻松赚钱、一夜暴富的案例让很多人心动不已。

这种虚无但看似美好的“前景”让人们不禁想起十年前淘宝刚刚兴起的时候。但两者有着本质上的区别，即一种是真实的，一种是虚幻的。

微商背后不可忽视的严峻问题

微商之所以会出现今天这样混乱的局面，一方面是由于市场管理不完善，另一方面是因为腾讯对微商的态度始终不明确。虽然现在微信已经成为大家社交常用的软件，但这远远不能满足腾讯，于是出行、支付、微店都成为腾讯的发展对象。

就拿微信的微店来说，其实淘宝在一开始也有着同样的目标，但是由于淘宝申请开店的各种费用和烦琐的程序，再加上自身的用户已趋于饱和，这些情况使得淘宝难以进行，从而给了微信可乘之机。在微信上开设微店几乎没有任何门槛，无需网店申请费用，无需手续费，还可以当日提现，这些都让微店的开设变得轻而易举，而用户在微店购买商品的交易担保最近才刚刚在线上实现。

这样一种零成本就可以开店的政策让很多商家或个人跃跃欲试，但是由于各种体系还不成熟，质量不能得到保证，时常会出现消费者被骗的情况。而微店也似乎只变成了一个让商家或个人牟取暴利的地方，腾讯最初是想建立一个与淘宝相似的 C2C 经营模式，再加上京东、拍拍等 B2C 经营模式，但微信为京东带来的人群流量只是杯水车薪，根本起不到什么作用。

而微店的发展又误入歧途，微商不在产品的服务和质量上下工夫，反而更加注重在朋友圈的宣传和下线的发展上，于是网上的产品类型几乎千篇一律，质量更是良莠不齐。微商如果一直这样下去，别说会对淘宝造成威胁，恐怕连自身都难保了。

此时，我们可以想到当年阿里巴巴“推天猫，抑淘宝”的一系列政策，这让很多个人开淘宝店的店主很是伤心，阿里如此狠心，也是为了保证网上店铺的产品质量。同时，淘宝对那些没有质量保证的“三无产品”和假冒产品也进行了严厉的打击。

微店的发展所表现出的种种迹象，让我们很是失望，对微商的未来我们也很渺茫。如果微信能够认识到微店的畸形现状，那么，在微店的下一步发展中，新一轮的变革是必然的。而在变革中，又有几个微商能够在产品质量和服务，以及经营模式等方面完全过关？我想，摆在面前的事实不仅让我们灰心丧气，而且也给了微店经营者们当头一棒。

可能转型的方向：基于社交的个性化、定制化服务

传统电商靠商品的质量赢得用户的信赖，质量好，用户就会青睐。所以，传统电商的每个商家都致力于打造质量卓越的产品，在质量过硬的基础上，如果价格合适，就完全可以吸引客户，创造销售纪录。再者，消费者也十分看重商家的服务质量。这就是典型的以商品质量和服务为中心的贸易，只是它的贸易平台由实体店转移到了网上。

而在微信上开微店，微商纯粹是靠人际关系将商品卖出，此时的贸易就变成了以人为中心，可想而知，微商们自然就把重点放在了推广交际圈上，而不是商品的质量上。在移动互联网时代，微信作为一款纯社交平台，靠的就是人与人之间的关系，如果微商能够保持与粉丝之间的关系，获得他们的信任，商品就能卖出。

传统电商注重顾客的流量和产品的销量，只有不断吸引客户才能有好的销量，所以，产品的质量就是核心。但是在微商时代，要想让产品有一个好

的销量，你就必须维系与用户和粉丝之间的关系，让他们不断地从你这儿购买商品。有的甚至还可以发展成为下一级代理，这样就形成了多层代理链条，这种情况下，人与人之间的关系就是核心。微商时代交易核心的转移显然造成了一种错误的销售模式。

微店的初衷与目前的状况背道而驰。其实微店完全可以好好利用微信这款社交软件，在拥有广泛的人际关系的基础上，把重点放在产品的个性化与产品的质量、服务上，然后为用户、粉丝量身定做符合他们需求的产品。只有这样，微商之路才会越走越远、越走越宽。

另外，在微信提供的大量用户和流量的基础上，微商不仅要保证产品的质量，还要把服务做好。目前，微信已经具备 LBS、商用 Wi-Fi 等功能，所以，做好产品服务势在必行，微信也正在努力做好这一点，从一些它的功能测试中就可以看出来。

不过，要想从产品的质量和服务上重整旗鼓，很多微商必然会被淘汰，因为他们中大多数不仅质量不过关，服务更是没有做到位，像这种没有实质内容的代理链条一旦断裂，多米诺效应即刻就会显现，这不是对微商的恐吓，而是即将迎来的微商转型的真实状况。

微商也许会引领移动电商的未来

移动互联网的快速发展为许多新兴商业模式的产生提供了一个绝好的机会，但是，移动电商取代传统电商是不可能一蹴而就的。从互联网与电子商务的发展过程中，我们可以看出，事物的发展遵循一定的规律，任何违背规律的发展终将会被取代，或被迫转型。如今的微商就是一个典型的例子，它亟须从现在这种跑偏的模式中回到正轨，并建立一套完善的体系，规范以后的发展，否则，它的生命周期不会很长。

但是，我们并不能就此否定微商的未来，微商一旦能把产品的质量和服务做好，并极力完善监管体系，它很有可能在移动互联网发展过程中展示出自己更强大的一面，引领用户进入一个更加多元的移动电商时代。

第2章

微商+：连接一切时代，颠覆传统微商模式的转型路径

赢在"微商+"模式：微商2.0时代的四大发展模式

如今，"微商"一词成为人们谈论的焦点，无论是在移动互联网技术中转型的传统企业，还是新型的企业，都瞄准了这一机会，想要在这一全新的领域大展拳脚。微商这几年的发展也经历了 C2C 代购到 B2C 平台的转型升级。微商从一种零售渠道开发、朋友圈销售的商业形态发展成了一种新型的去中心化社交电商。

接下来，从微商指数、地域分布、经营范围、市场监管几个方面对微商进行详细的分析。

百度指数上的数据表明，微商的爆炸式发展时期是在 2014 年 6 月，同年的 10 月与 2015 年的 1 月及 3 月分别出现了高潮期。而一些电商巨头进军微商开始让微商的热度急剧增加，随之而来的营销活动、微商大会以及媒体的追踪报道，将微商的发展推向了高潮。

经过查阅多方公布的权威数据我们发现，微商规模较大的地区在北京、江浙以及广东，这些地方思想开放，对新事物接受迅速，具有得天独厚的地

域发展优势。

观察微商的购买率以及交易量，我们可以发现商品的种类主要集中于化妆品，而食品、服装、母婴等也占有少量的市场份额。化妆品的销量随着微商的发展高潮而大幅增长，尤其在 2014 年的下半年及 2015 年的第一季度，化妆品的销售量急剧增长，化妆品中销量势头增长最快的当属面膜。

市场的火爆，引起了官方的重视和对微商市场秩序的思考

2015 年 1 月，微商业内的第三方服务商微盟发布了《微商公约》，倡导微商良性运营并且从技术层面上对其进行规范。对于第三方服务机构而言，微信的健康发展才是微商发展的重要依托。微盟的创始人孙涛勇向外界声称：微商历经初期的野蛮生长，需要行业加强自律，尤其是针对这种以分销为主要发展模式的新型商业形态，更需要在技术上对其进行规范。

《微商公约》也是业内首次就行业的自律问题提出的正式公约，它意在对交易行为进行规范、塑造微商从业者的诚信形象，是社交电商朝着健康稳定的方向发展的里程碑。

2015 年 2 月，微信官方平台就非法分销模式进行处理，对于不遵守规范、钻法律空子的商家将处以账号永久封停的处罚。同年 3 月，微信又发布了《朋友圈使用规范》，对微商的朋友圈分享进行了明确的规定。而在 2015 年的“两会”期间，作为人大代表的腾讯创始人马化腾先生对媒体公开表示：刚刚兴起的微商需要大家的共同努力以推动它的快速发展。这一微信官方的发言表明了其对微商有了进一步的支持。

在这之后，一些企业借助品牌优势大力推进电商的快速发展，移动端电商布局速度加快。一些 PC 端的电商也开始向移动端转移，一些平台投入大量

的精力向移动端 App 开发进军，使淘宝上的中小商家产生了危机感。图 2-1 所示为微商发展的 4 种形态。

 **微商发展的4种形态**

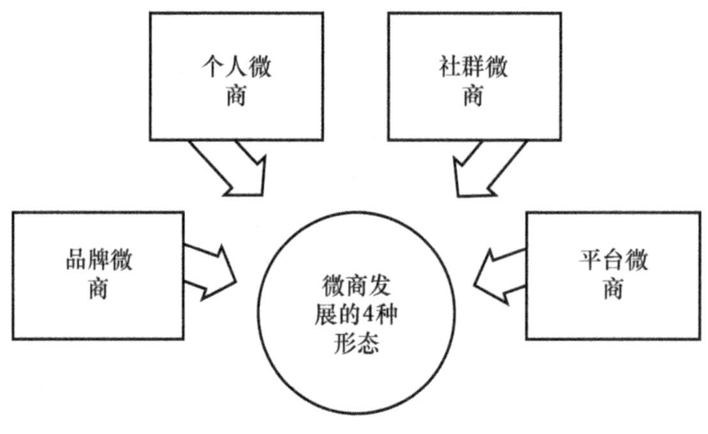

图 2-1　微商发展的 4 种形态

1. 品牌微商

品牌微商主要是由一些流行于朋友圈中的品牌代购发展而来，其发展也见证了微商发展的历程，即从微信电商到微电商再到微商。而朋友圈中利于传播、利润丰厚的化妆品就成了这一新模式下最大的受益者。这一模式以朋友圈为主要销售渠道，着力发展线下代理。

但是一些化妆品品牌由于官方的监管缺失再加上不法商家受到利益的诱惑采取的违法行为，对微商的发展产生了极大的负面影响，如央视曾经报道过“微传销”“毒面膜”等违法微商行为，产生了极大的社会影响。

2. 个人微商

个人微商的主要经营方式为代购产品、朋友圈销售，经营的产品主要是化妆品、奢侈品等。一些经营者采用品牌微商的代理模式，销售假冒伪劣产品，在朋友圈中刷屏等行为给这一模式带来了较大的负面影响。

但是，个人微商具有一定的发展潜力，一些号召力强、粉丝力量众多的“微信达人”，利用自身的人格魅力与专业权威性经营个人微商，将会有广阔的发展前景。一些食品类的地方特产、手工家具、纺织品、工艺品等将会成为这一模式的“宠儿”。

3. 社群微商

社群微商往往由某个“人格魅力体”组建，社群内的成员围绕着兴趣偏好或者情感共鸣在社群内广泛交流，这些庞大数量的粉丝成为产品的潜在消费者。这种社群一般有两种形式，其一是“达人”类社群，这些“达人”主要为娱乐明星、某一领域专家、学者；其二是服务型的组织社群，主要是满足一类人的某种需求，其主要形式为分享、互助。

当然，这里的社群微商更加侧重于后者，社交媒体的兴起使得一些早年在博客、论坛、微博上发展的培训师、创业者开始在社交媒体上发布文章为大家解答疑难困惑等，这同时也为他们积累了一定数量的粉丝，当粉丝数量的规模形成后，这些潜在的商业价值就有了变现的基础。

宗宁的大熊会、匡方的匡扶会、柴国生的柴子会等基本上具有相同的特点，如价值传递、资源链接、学习共享等。社群微商主要以培训为导入点，为学员提供专业的知识讲解，并选定进步较快的学员成为“典型案例”吸纳会员，从而开设高级收费课程。而学员之间也可以进行商业合作，促进共同发展、多方共赢。

4. 平台微商

平台微商的兴起主要是得益于一些诸如微信小店、微盟的 V 店、口袋购物等平台微商的迅速发展。它具有一些个人微商所没有的优势，比如困扰中小商家的货源、仓储问题，而且交易安全，消费者权益可以得到保障，更为关键的是，经营的商品种类也得到了大幅度的提升。而且平台微商产业链条精简明晰，上端的商家采购商品，中端的商家进行推广分销，下端的商家销售返佣。

正是这种模式的发展，为微商行业的朋友圈刷屏、假货横行等问题的解决提供了有效的途径，上述 3 种微商逐渐向平台微商转移，微商也将会由一个野蛮生长的发展初期逐渐走向成熟期，微商的平台化发展将会给交易双方提供更为公平的环境，科学有效的机制引导着微商逐渐发展壮大。

微商未来发展的四大模式

被定义为“微商元年”的 2015 年承载着众多的个人及组织在微商领域的梦想，人们想在这个风口之上得到巨大的利益。在我看来，微商未来的发展将会产生以下几种形式，如图 2-2 所示。

1. 微商 + 平台

平台的崛起，让朋友圈的刷屏、假冒伪劣产品泛滥得到了有效的控制。一些产品及服务良好的商家利用自己的粉丝社群优势将会以社群微商的形式不断壮大，在平台上它们也可以找到一些创造价值的新形势。平台可以用自己的资源优势为交易双方解决货源、仓储、交易保障等问题，将会积聚大量的商家与消费者。

而且，微商平台的发展所经营的产品范围也将不再局限于化妆品、奢侈品等，必将会朝着更广阔的领域发展。

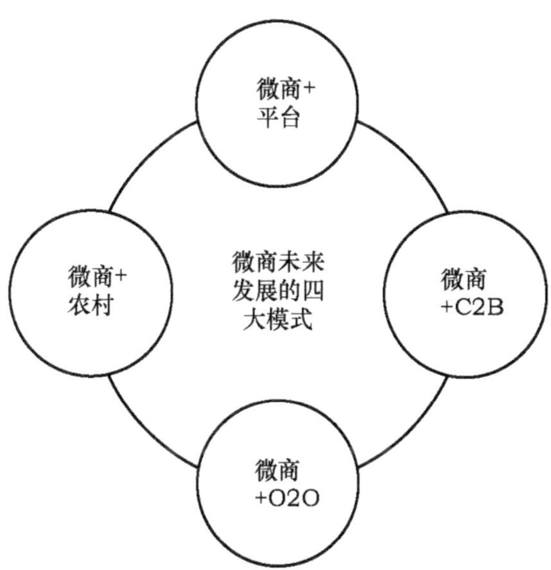

图 2-2　微商未来发展的四大模式

2. 微商 + C2B

C2B 的微商，将实现去中心化的商业转变。企业吸引平台上的消费者参与到产品的设计中来，根据消费者的需求生产个性化与定制化的产品及服务，而这种消费主导的社交微商将为这种模式的发展提供最为优质的生长环境。

这种模式将会凝聚规模巨大的消费者以数量优势获取购买价格上的优势，将为消费者在产品的价格上提供更多的话语权。而且这种需求定制化的模式将为企业的产品生产提供更为有效的指导，解决困扰生产商的压货、营销推广所带来的巨大的成本消耗。

3. 微商 + O2O

微商这种直接交易双方直接对接的模式，有效改变了传统线下销售效率低下、购买流程烦琐、用户回流率较低等局面。O2O 的微商将会发展成为移动客户端经营，经由基于位置服务的场景化渠道销售的新形态。

这种去中心化的流量入口使得商家摆脱了对于第三方机构的依赖，交易环节减少，即时分享与评论将会成为这一模式的优势所在。二维码、超链接等购买方式极大地提高交易效率。

4. 微商 + 农村

由阿里发布的数据显示：县域电商增长速度比城市高出 13.6%，“得农村者得未来”成为电商行业内的共识。而移动端是农村网民的主要网购终端设备，这些网购产品的种类也和微商有着较大程度上的融合，电商巨头们也在农村展开了布局之战。

而农村天然的本地化社交优势将为微商的发展提供巨大的推动力，通过微商平台的货源优势，销售前景将会更为广阔，微商在农村崛起将会成为一种不可阻挡的潮流。

外界的推动加上内在的需求，微商将会进行一番新的转型升级，这将会是一个亿万元级别的市场，而且传统模式的流量与销量的重要性也会逐渐淡化，移动购物的用户体验、情感满足与场景化将会成为这一时代的主题。

微商+B2C：基于B2C模式的微商平台如何运营管理

在每一个领域都有一群心怀梦想、力争上游的人，他们始终坚守着自己的梦想，并热切期待未来实现的那一天。对于大部分微商行业的一线从业者来说，他们也同样怀揣着梦想，并且在满怀激情地经营自己的事业，尽管这份事业饱受诟病，同时也面临着行业巨大的竞争压力以及家人朋友的不解，但是这些都没有击垮他们，他们仍旧执着、全身心投入，为目标的实现而努力奋斗着。

微商作为一个新兴行业，之所以在社会上饱受争议，并不是因为从事这个行业的群体，而是由一些企业或者项目的顶层设计者以及团队领导者的思维方式所决定的——在利益的驱动下，他们在行业发展中迷失了方向，不仅不能给予一线微商从业者正确的指引，还丧失了自己的道德标准，带来了一系列的后续问题，如产品的品质无法得到保障、缺乏完善的售后服务等。

作为微商的从业者，应该用心思考行业的发展以及经营方式，在认同行业价值以及未来前景的基础上，提出一种更好的经营方案，从而为自己微商行业梦想的实现加油助力。当然，微商的运营模式是从业者首先应该思考和解决的问题。下面我们将重点讨论和分析微商行业应该适用什么运作模式。

B2C微商模式

凭借对商品零售行业发展的了解以及研究，再结合电子商务发展的历程以及特点，我认为微商行业最适合的应该是 B2C 微商模式。这是一种企业直接对接消费者的微商销售模式，这样的模式不仅可以给消费者更多的信心保证，同时也可以为加盟商提供一种简单加盟的方式，未来这种方式有可能会成为微商行业中的主流模式。

微商是这样一种经营方式：个体经营者加盟到某个项目中去，并利用自己的经营方案去推广产品，从而达到销售的目的。但是个人的力量毕竟是有限的，不管是项目以及产品的选择，还是推广策划活动，抑或是售后服务等都存在很多问题，而这些问题也是微商行业从业者在经营过程中普遍遇到的难题，而如果从业者能够选择 B2C 微商模式的话，就能解决其中的大部分问题。

发展趋势

电子商务的发展也经历了一个逐渐演化的进程，并从最初的 C2C 模式发展到了 B2C 模式，这与市场需求的变化以及经济的发展状况有着密切的关系。在发展初期，为了积极鼓励大众创业者的参与，降低行业门槛，只要有一定的基础就可以创业。而在发展后期，随着消费者要求的不断提高，成长较快、发展比较稳定的淘宝店开始朝着企业化以及标准化的方向发展和过渡。再加上传统企业的加入，推动电子商务领域形成了 B2C 的运营模式。

而现在微商领域也面临着相同的境遇——在经过了初期的快速成长之后，也开始面临全流程标准提升的阶段，因此 B2C 模式将成为微商的一种主流模式。

消费者保障

由于企业的一切运营都要依靠微信公众服务号搭建的销售平台，因此企业在进驻微信公众号之前需要经过严格的审核，在平台统一销售的模式下，产品质量、物流以及售后的管理服务等都得到了良好的保证，但是这种销售模式也容易造成一些问题，一旦惹上消费者的纠纷，就可能导致整个企业平台的关闭。

项目投资

在传统的微商经营中，经营者首先需要投入一定的资金才能开展业务，而且容易产生货物堆积的现象，如果产品卖不出去，这些压力和负担都需要经营者自己来承担，虽然这样可以有效保证微商的投入，但是无法保证其合理化的经营方式，盲目地招代理以及疯狂刷屏开始成为微商行业的标签，也让微商失去了其本质的含义。

而 B2C 微商是由平台统一进行管理和经营，直接与消费者实现对接，这样就不会存在加盟微商货物积压的现象，也就不用担心投资的问题，对从业者来说也缓解了压力，只要能够跟上企业发展的脚步，就可以从容不迫地开展推广工作，同时也可以更加专注地去思考怎样做好微商，尽情释放自己的才能，推动微商发展进入一个新高度。

代理资格

加盟 B2C 微商是成为企业的分销商，而非代理商。只要发生一次购买行为就可以成为企业的微分销，在成功加盟后，分销商会从商场那里获得一个专门的分销商城通道，之后分销商只要专注于自己商城的推广即可，商品的成交以及分销商的招募都是通过平台来完成的，这样一来就为分销商省去了产品选择以及展示的麻烦。

对微商来说，最重要的还是在“微”字上，如果投资过大的话，不仅不会带动整个行业的发展，反而会给从业者更大的压力，从而出现一些比较偏激的经营方式。

加盟收益

在 B2C 模式下的分销商，其利益并不一定很低，只要投入足够的精力和行动力，再加上平台上完善系统的支持，原本在微商行业中需要经多级经销商分配的利润方式就转变成了佣金，并通过返利的方式分配给分销商。这样的利润分配方式可以为分销商的销售提供更长久的保障，加速微商创业梦想的实现。

推广辅助

在 B2C 微商模式下，没有了疯狂刷屏，没有了各种图片以及文字充斥在朋友圈，而是由平台统一进行转发，不仅有更加科学、合理的推广流程，而且转发的内容一般都是商城举办促销活动的图片、比较有创意的文案、高规格的宣传图片、配有二维码的图片等，在不能对朋友圈进行良好经营和利用的基础上，借助平台的力量可以为其宣传以及推广工作提供更多的帮助。

销售保障

因为平台是由企业直接进行运营管理的，因此拥有一套比较完整的运营管理系统，不仅能够保证产品的品质，同时还能为顾客提供品质保证、退换货以及售后服务等功能，如果顾客在使用中出现问题，平台也可以给予其最专业、可靠的处理。

发货问题

在有订单的时候分销商也不需要自己去准备货和发货，而是由平台统一备货，并在规定的时间内将货物送达，这样一来不仅为分销商省去了很多麻烦，同时也为企业的组织管理提供了更多的方便。而且企业统一的物流配送所建的仓储也更加安全和高效，管理会更加规范，也不会经常出现货品断货的现象。

统一价格

在有了统一的平台之后，产品的价格都是由平台进行控制的，这样一来就可以有效维护微商市场的价格秩序，而且统一的价格也可以避免一些有私心的分销商从消费者身上榨取更多的利益，从而为消费者创造一种更加公平的交易环境。

 平台辅助

平台的出现可以为分销商分担许多麻烦，分销商所有的工作都有背后平台做支撑，不仅工作起来更加轻松便利，同时也提高了自己的经营层次，能得到消费者的更多信任。从产品的选择、推广到分销商的招募和培训等辅助工作都由分销商背后的企业来完成，有了企业做后台，分销商在经营过程中会有更多的底气。

以上几点是我对 B2C 微商模式的一些分析，希望能对微商从业者们带来一些启发。在竞争环境愈益严峻的背景下，从业者只要快速认清并拥抱这一模式，就能迅速从微商的迷雾中走出来，将自己的微商事业做到一个新的高度。

 微商+O2O：大润发如何用微商大军拿下乡镇市场

2014 年，微信平台中的电商开始崛起，无需传统购物过程中的烦琐流程，微信朋友圈及 QQ 成为货物“展厅”，还可以实现买方与卖方的实时交流，明确购物意向后，快递送货上门，距离较短的几小时内便可见到货物。

部分微商是从淘宝等平台转移而来的，还有的是作为商家的“分店”，另一部分是“微商”创业者。微商发展迅速，而且通过这种社交媒体平台极易扩散，从而逐渐产生了固定的消费群体。

买卖双方既是供需关系又是朋友关系，这种朋友圈销售物品的微商模式有了情感作为纽带，更为牢固与稳定。微信成为另一种形式的“淘宝”，而

且几乎不用承担风险。微信从一种朋友之间互相沟通的软件变为一种产生消费价值的平台。

拥有超过 6 亿用户的微信如今已经成为移动互联网最大的用户流量入口，更多的商家及企业开始尝试利用微信建立生意圈。如今热度最高的 020 电商模式有了微信这个平台的依托，也给众多商家及企业带来了发展的机遇。而在华润万家、家乐福、沃尔玛转型电商发展 020 之时，大润发开启了乡镇市场的微商战略布局。

招募合伙人与分销商

图片来源：飞牛网网页截图

图 2-3　飞牛网

2015 年 6 月，隶属大润发的电商网站飞牛网（图 2-3）宣布开始启动“千乡万馆”计划的合伙人与分销商招募计划。

该计划中的合伙人有两种：一种是有线下场所并可以发展为飞牛网线下体验馆的合伙人，另一种是借助社交媒体平台推广飞牛网信息的合伙人。在合伙人的资格审核通过后，飞牛网将会发给合伙人邀请码，当用户通过合伙人分享的邀请码购物之后，合伙人可以获得相应的提成。合伙人的要求较为简单，只要是年满 18 周岁、具有完全民事责任行为能力的中国公民即可申请加入。

飞牛网的“千乡万馆”合伙人的来源十分广泛，包括体验馆、校园合伙人、内部员工、社区合伙人等多种表现形式。

飞牛网的分销商同样具有重要的战略意义，目前只在江、浙、沪、皖 4 个地区启动招募，后续将会在更大的范围内开展。招募的对象包括：进行代购的个人、社区便利店、校园超市、服务中心与便民服务点等。申请者需要提供身份证及企业相关的证件、执照等。飞牛网分销商的选择倾向于在当地具有一定规模的超市、服务中心及便民服务点等，对于条件不足的申请者，飞牛网可以让其转为合伙人。

分销商将会利用飞牛网提供的分销系统虚拟货架向消费者展示商品的样品及文字、图片、视频等描述，这在一定程度上减少了库存风险，分销商只负责推广产品，物流与售后服务会有飞牛网的专业人员负责，而且分销商可以在一定范围内自主定价，赚取更多的利润。

售出的不同种类的产品，分销商将会得到不同比例的返利，主要是取决于产品利润的高低，利润较高的化妆品分销商可获得 3% 的返利，而利润较低的日常生活用品分销商将获得 1% 的返利。

这种合伙人与分销商的招募是大润发在渠道开发上所进行的一种拓展与创新，最终还是要实现电商与传统线下零售的深层次融合。

 谁先渠道下沉谁占先机

“千乡万馆”计划的背后是飞牛网对于渠道下沉以及发展乡镇电商的期望，转为供应商的飞牛网控制着货源，这些分销商成为飞牛网以微商形式连接零售发展缓慢的乡镇地区消费者的节点。而这些地区的便利店、超市及便民服务点，有着成为分销商的巨大潜质。这一计划是对乡镇中离散的零售资源进行的一次整合，而且避免了自建商超的高额成本。

2014 年 6 月，飞牛网的“千乡万馆”计划在上海开启第一站，“喜士多”云超市正式面向大众。“千乡万馆”计划的开设地点主要为重点乡镇、新兴园区、大型专业市场等消费需求旺盛、暂时不满足发展大润发实体店面的地区，另外，这些体验馆将会成为集销售、推广、咨询、订货、售后等服务为一体的综合体验中心。

飞牛网的初始定位就是目前电商发展尚不完善的三四线城市，它直接扎根上海、江苏、浙江、安徽等地区，借助喜士多社区便利店网罗三四线城市及乡镇地区的消费者。

这种发展方式和大润发进军大陆市场之时所采取的避开家乐福与沃尔玛雄踞的一二线城市，专攻三四线城市的战略相契合，据大润发公布的数据来看，截至 2015 年 6 月，大润发位于三四线及五线城市的店面占据总店面数量的 70%。

目前国内的大型电商及线下大型零售商在三四线城市的布局还不充足，谁能率先完成渠道下沉，谁就能在三四线城市的布局中夺得先机。如今的三四线城市及农村地区俨然成了商家们 O2O 战场的新阵地。

飞牛网在三四线城市推行自建小型的线下门店战略，一个位于小县城的

70 ~ 80 平方米的线下门店，可以在出售一两千件商品的同时，借助互联网向消费者提供多达 20 多万种商品的网购服务。对于经济落后的城市及农村，网购体验将会以更为多元化的形式表现出来，如在邮政营业厅、电信营业厅、银行等用户流量密集的地方设置网购服务点。

启动“微商+O2O”模式

如今，大润发已经悄然开启了“微商 +020”模式，大润发内部执行的用于解决财力有限的三四线城市小商家货源问题的“供应链输出”系统就是一个典型的代表。比如一家小型的店面，在面对一些顾客想要购买店面所没有的某种价格较高的商品时，店长可以向顾客解释明天或过几天可以调到货，随后店长通过大润发系统后台订货功能就能完成这单交易。

之前飞牛网与大润发采用品牌分割的形式，并未给原有品牌带来规模效应。现在这种飞牛网与微商融合的新模式，给予了大润发一个利润更为丰厚的奖励机制，以促进更多的线下零售商家将大润发的品牌及渠道推广至大润发店面难以涉及的地区。

飞牛网的这项“千乡万馆”招募计划主要有三个方面的战略意义：其一，为将来的大润发店面拓展奠定基础；其二，给飞牛网未来的发展形成明确的定位；其三，抢占低级别市场份额，发挥大润发的规模采购盈利作用。

根据大润发的销售年报来看：2014 年，商品销售营业额为 891.36 亿元，截至 2014 年年底，国内的大润发综合商场共有 372 家，营业面积约为 1000 万平方米，33% 的店面为自有门店，其余的为租赁门店。

2014 年 1 月建立的飞牛网正式开启电商发展之路，初期投资 1 亿元，追加 5 亿元，力争在 5 年之内发展成为国内电商的三强之一。2014 年，飞牛网的全年营业额为 2 亿元，2015 年 3 月，飞牛网宣布向全国发展战略，相继打通华南、湖北、东北等地区的销售渠道。

事实上，2015 年，国内的各大零售商纷纷开启了 020 电商布局。2015 年 3 月，步步高旗下云猴网推行了跨境购服务，消费者可以在云猴网的线下体验店购买海外的商品。2015 年 5 月下旬，沃尔玛在深圳的多家店面中推出了包括沃尔玛移动端“速购”“速购服务中心”体验店等多种 020 服务平台。2015 年 6 月，华润万家的电商平台——“e 万家”在深圳率先上线，为用户提供生鲜产品购买的 020 服务。

020 模式的出现给这些面临天猫、京东等大型电商不断蚕食市场的传统零售商提供了新的发展机遇，虽然线下门店的客流量衰减已成为移动互联网时代的一种必然的发展趋势，但是这些传统零售商可以依托供应链优势及稳定的会员体系，走一条微商带动的电商发展之路。

微商+生鲜：云际天马会如何实现生鲜微商模式落地

微商自诞生以来便发展得非常迅速，随着其业务范围的拓展，越来越多的人成为微商群体的一员，然而微商的进展并不是一帆风顺的，一些负面报告相继出现，微商的争议集中在 4 点。

1. 争议一：朋友圈“刷屏”营销降低用户体验

各种各样的微商广告充斥朋友圈，降低了用户体验，使用户产生排斥心理。统计结果显示，在朋友圈里分享的内容，两成都是微商发布的广告，而八成微商是销售面膜的。如果用户偶尔看到这样的信息也不会采取什么行动，但过于同质化的信息会让用户不愿再接收并不得不屏蔽这些动态。

2. 争议二：逐级分销、逐层囤货的“传销”方式

主营面膜或其他化妆产品的微商采用的是逐级分销、逐层囤货的方式。产品生产出来之后到达总代理手中，总代理再交给一级代理，之后是二级、三级、四级等，一层层向下传递，代理们的收入并非来源于用户的消费，而是来源于产品上下级中间的差。也就是说，产品并没有真正销售出去，而是由最底层的代理承担着这些费用。

对产品代理来说，重要的不是他们的营销实力，而是引入加盟的能力。这种逐级传递的方式继续发展，从某种角度上来说就是传销模式的实践，很多底层的微商人员既丢了钱，也因为频繁发布广告信息失去了原本维持良好的朋友关系。

3. 争议三：部分产品缺乏质量方面的保证

微商人员采取的这种逐级代理的营销方式，导致他们的面膜产品从某个角度来说不具备使用性能，产品从高层代理到低级代理逐层下移，有一部分产品缺乏质量方面的保证，来源于一些代加工企业，所以即使产品从代理手中成功出售，也不会使消费者感到满意，在产品方面没有保证，再好的销售都是昙花一现，最终会被大众揭穿。

4. 争议四：缺乏完善的售后服务

这些销售面膜的微商人员会花费大量的时间来加好友、发展下级代理，以期从他们手中获得更多的利润，他们并没有掌握针对消费者的营销技能，而且也没有完善的售后服务，因此导致的结果是消费者对产品体验不满意，更不用说这其中有很多假冒伪劣产品以次充好，也降低了用户体验，微商群体因而在用户群中留下了很差的印象。

微商面对争议的原因

上文中阐述的这些因素导致微商面临巨大的争议，很多人都对微商持反感心态。导致这种结果的原因是什么？微商该怎样寻找出路？

微商之所以受到追捧，原因在于移动互联网的发展使很多人萌生了创业的想法，而微商又无需投入太多的成本，在这之前的淘宝网也曾受到众多创业者的青睐，不过针对计算机终端的电商已经进入成熟阶段，该平台需要大量的投资，发展起来也会有很多阻力，而移动互联网的迅速发展让创业者在微商平台看到了机会。

相比之下，微商创业不存在那么多的阻力，操作过程也很简便，不用申请店铺，也不用装饰店面，甚至无须积累用户流量，只要在朋友圈发布信息，给用户留下好印象，就能达到销售目的而获利。

微商的出现和快速发展得益于时代大潮的推动，然而，身处移动互联网时代的大众并没有真正明确与把握移动互联网的本质，而且多数人的错误认识得不到纠正。在这种情况下，微商采取的逐级代理、逐级囤货的营销方式迅速发展起来，并拥有了自己的系统模式：品牌经营者负责产品制造和宣传推广，招收总代理的加盟，总代理逐层发展下级代理，对他们进行集中培训，吸引那些有创业想法的人加入进来，而商品价格不断抬高，一个面膜的售价甚至能翻 10 倍。

在具体的实践中，那些层次比较高的代理通过招商获得了收益，一部分人赚得盆满钵满，代理人就把这些人作为代表吸引其他创业者加盟。

微商采取的营销方式与传统企业招商加盟有共同之处，然而这两者存在着根本性的差异，传统厂商的代理是指针对某个特定区域拥有唯一的经营权，该代理的收益来源于市场开发，通过零售渠道把商品卖给消费者。但微商经营的面膜或其他化妆品经过层层的代理，忽视了商品零售，他们的收益来源于底层代理商，这是微商不被支持的重要原因。

虽然有很多人不赞同微商的发展模式，但不可否认的是，大部分微商人员加入这个行列的动机是好的，其中女性从业者的比重最大，大部分是带孩子的家庭主妇，大学生微商从业人员也很多，另外还有一部分是空闲时间比较多的年轻上班族，他们的条件比较适合从事微商，可以利用闲暇时间来获取收益，即使获得的利润不多，也是通过自己争取来的，是他们努力的见证，所以很多人选择从事微商。

只是整个微商系统并没有向好的方向发展，微信官方限制微商的发展也是出于这方面的考虑。

云际天马会："微商+生鲜"模式如何落地

微商采取的这种营销方式真的像有些分析者说的那样毫无价值吗？微商该怎样寻找出路？通过天马俱乐部的发展，我们可以从中受到一些启发。

云际天马会是一个生鲜电商企业，该企业成立于 2014 年 7 月，采用众筹模式（图 2-4），股东超过 80 人。该平台主营生鲜产品，在新疆瓜果生产者与消费者之间搭建起桥梁，曾在 15 天的时间里实现价值 100 多万元的吐鲁番哈密瓜的出售，30 天的时间里实现价值 130 万元的库尔勒香梨的出售，目前企业还在逐步发展中。

图片来源：众筹网

图 2-4　云际天马会发起的众筹活动

云际天马的专业采购人员到新疆的瓜果生产地去采购商品，并将产品的生产、加工和物流环节的相关信息整合起来传递给云际天马的投资者和代理人员，由他们将这些信息发布在朋友圈或者其他社交网络平台上，这时候就会有消费者下单购买，并把消费体验反馈给代理商，代理商将他们的反馈信息整合后再次发布，以吸引更多的潜在目标客户。

朋友圈是其最大的市场开发地，好友之间不断传递其商品信息，提高了品牌影响力。而云际天马的信息不会引起朋友圈的反感，还有很多好友表示认同这种方式，原因有以下几种，如图 2-5 所示。

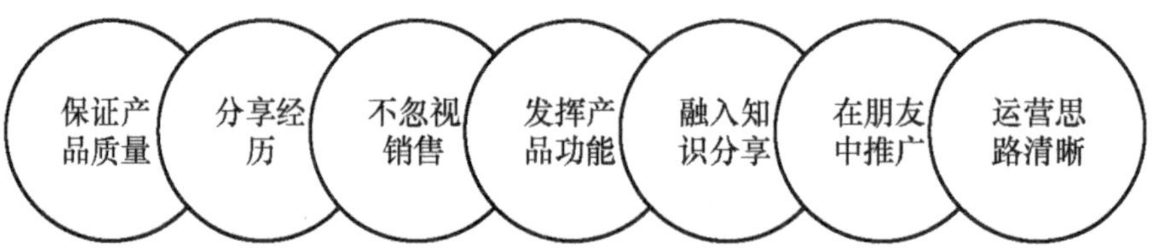

图 2-5　云际天马朋友圈营销的优势

★云际天马是在产品的基础上发展起来的，他们的瓜果来自新疆原产地，能够有效保证产品质量，包装也做得恰到好处，也正是在此基础上，云际天马才获得了持续的发展。

★分享经历，不发布容易使人排斥的信息：多数人都有过被面膜广告刷屏的经历，这些信息会使人产生排斥心理，云际天马发布的不只是产品宣传信息，还有经营方的发展经历、生产方的生产过程，等等。

★不忽视销售环节，产品定制和产品预售为其显著特征，不会出现产品积压在代理手中的情况。虽然预售在消费者体验环节上不能做到百分之百令人满意，但经营方确实能够因此降低风险，这一点对他们而言是非常重要的。

★生鲜产品由产地流往消费者手中，使该产品的使用功能得到发挥，而消费者又会把自己对产品的评价传达给他人，这能够有效扩大其影响范围，天马清楚地意识到，只有提供高品质的产品，才能使自身获得持续性的发展。

★将产品推广信息融入到知识分享中，除了向消费者提供瓜果产品之外，天马还向用户提供健康知识，与用户分享他们的创业经历，这样会增强信息的吸引力和趣味性，能够抓住移动互联网大潮中的用户需求和习惯。

★在朋友之间进行产品推广。通常来说，担任天马产品代理者会有 100 ～ 200 个好友，他们的客户就是自己的朋友，或者是和朋友关系比较好的人，代理人是在高品质产品的基础上不断提高自己的知名度。也正因为如此，代理人员才可以把产品推荐给朋友；否则，最后不仅造成产品积压，也损害了朋友的利益。

★不会因层级划分多而脱离正轨。天马的运作思路概括起来很简单，由生产方提供质量可靠的生鲜产品，天马代理人负责将产品信息推广到朋友圈，有需求的好友下单、消费，然后将自己的评价传递给经营方，由代理人继续传播，如此循环往复。这种经营方式符合互联网的本质特征。

如何构建微商的可持续发展模式

以我个人的工作经验对微商的发展状况进行分析，随着移动互联网的不断发展和普及，微商的覆盖范围会不断扩大，因为一部分计算机终端的用户会转移到移动终端，这为微商的发展提供了更多的机会，微商人员应该注意哪些方面才能实现持续发展呢?

1. 产品是基础

只有拥有高质量的产品，再加上正确的营销，才能获得成功，消费者对产品满意，才会推荐给周围的人，才能提高品牌影响力。

2. 落实产品的销售环节

生产出来的产品只有被消费者购买并消费才能形成良性循环，如果产品只是在经营过程中不断囤积，即使短时间内能够从中获利，也终会被淘汰。

3. 建设成熟的运作体系

为消费者提供售后服务，根据用户需求不断进行自我完善。

4. 充分认识到品牌的商业价值

注重品牌建设，利用互联网平台进行品牌推广和宣传。

5. 不断加强自身的团队建设

如果按照业内人士的说法，在微商领域中，难度系数最高的就是生鲜电商，而云际天马一路过关斩将，向我们说明了团队的重要性。他们的代理分散在我国的不同地区，但他们在产品的配送、销售等环节配合得非常到位，能够满足消费者的需求。

微商+社群：社群经济时代，社群微商的四大运营思路

移动互联网的发展为电商带来了新的发展契机，使移动电商出现并迅速发展起来。其中，微商就是基于微信朋友圈形成的新型电商模式，微商经过几年的发展也开始由野蛮的粗放式发展向规范化转变。接下来我们就对微商的发展做一个细致的梳理，以帮助大家看清其未来走向，如图 2-6 所示。

图 2-6　微商经历的发展阶段

野蛮生长期

微信的出现为我们带来了新的沟通方式，而对于商人来说，微信带来的是一种新的营销通路。朋友圈、微信群成为商人们聚众营销的平台，由此诞生了众多不同的微商门派。

早期微商的产生带有偶然性，更多是由网友对移动电商的好奇心催生的。当时天猫、京东在移动客户端这方面还不是很完善，有人就看到了微信平台的商机，由此开启了微商时代。早期的微商简单来说就是以朋友关系为信用基础而展开的营销。我觉得你的产品好，就加好友，然后直接付款，整个过程十分简单。因为是朋友，交流起来就更加随意，借此早期微商得到了迅速成长，微信私聊或群聊方式也帮助微商建立了一定的客户关系管理机制。

对于早期微商我们并没有多么排斥，朋友圈中偶尔的小广告我们也可以理解。然而微商在不久之后进入了野蛮生长期。纯生意人踏足微信，卖面膜、卖仿品，甚至借助传销机制发展下线，整个朋友圈已然被这些广告刷屏。据说有人赚得盆满钵满，一时间这个以微信朋友圈所构建的熟人社交平台充斥着铜臭味，微商也成了网上直销的代名词。

实际上，早期微商中确有在朋友圈售卖自家土特产的商家，但这很快被铺天盖地的面膜、护肤品所淹没，微信朋友圈成了网上直销的大本营。就像淘宝抢占先机，成为网购平台巨头一样，那些稍早进入微商圈的聪明人已经在朋友圈占据了有利地位，那些真正有好产品的商家在这个领域却显得不知所措。

这种野蛮生长所带来的结果就是朋友圈充斥着真真假假的广告，甚至是炫富的内容。对于这样的骚扰，许多“微信小白”由于不知道如何屏蔽广告而直接选择了删除好友的方式。面对这种情况，我一般采取屏蔽的方式，即使是比较好的朋友，我也不希望他的广告出现在我的朋友圈里。

在粗放式的野蛮生长时期，微商变得令人厌烦，其发展模式是以大量的信息轰炸和骚扰朋友为基础的。

工具化时期

事实上，微商的营销配货模式都是人力车夫式的：首先是人工处理订单，自己处理包装、邮寄，效率整体偏低，随着订货量的增加，效率必然成为一个大问题；再者，微商是依靠朋友圈的转发来实现自身盈利的，当朋友给了很多次面子，实在不想再受到骚扰时，人力转发的效果也就变得越来越差。

所以，面对这种情况，有些微商继续走老路，硬性扩大人肉传递网络，而聪明的微商开辟了一条工具化路线。

工具化路线可以帮助微商进行自我管理，实现组织化、规模化经营，微商看到了工具化平台的优势，开始向这个方向迁移。由此宅微店、口袋微店等这样的移动网点工具出现，微商的第三方平台呈现出一片繁荣景象。

由于微信官方所推出的微信小店功能较为简单，这就需要第三方平台通过 API(应用程序接口) 进行深度架构，以帮助微商实现更好的发展。但是微信官方的理想还是很远大的，它为自己预留了电商数据的接口，希望将来自己可以成为移动电商的中心。

工具化逐渐成为微商的习惯，与腾讯关系密切的京东、拍拍等 PC 电商也开始在移动端上大做文章：拍拍想要借助微商实现逆袭，京东也在微信上设置菜单。

工具化时期脱离了野蛮生长期的粗放式发展，步入了常规合理状态。由于微信用户对微商的新鲜感下降，微商想要获得盈利，需要在产品质量和服务细节上下工夫。同时，微商流量也开始走上精准化和垂直化，这需要微商做出更多的改变。

于是，大量职业微商出现，微商也开始通过微信群开展培训、讲座等活动，帮助微商获得营销知识与技能上的提高，这使得整个微商群体开始朝产业型方向发展，微商走向职业化和专业化。

大整合时期

微商的工具化发展实际上也是大整合时期来临的先兆。所谓大整合，就是跨设备终端、App 平台以及支付场景的营销模式、商品管理、支付手段的大整合。

随着移动互联网的发展，支付宝、微信支付、苹果支付、NFC 等使支付手段变得多样化，借此人们可以在自己所处的任何场景完成支付，支付场景几乎覆盖了我们生活的各个方面。正是支付场景的拓展，才使得微商的定义获得延伸，无论线上线下，微商都做得游刃有余。

无论是朋友圈还是各大门户网站，现在都流传着大量微信电商骗子多的文章，这会使微信电商更封闭。而且微商在平台选择、技术服务商选择、产品选择、营销模式整合以及客户关系管理等问题上面临诸多挑战，微商仅凭个人力量是难以实现长久发展的。所以，**微商要想成为移动时代的淘宝小店，长久保持竞争力，必须要提高营销品质，培养客户的忠诚度**。

工具化时期需要在产品和服务上下工夫，而信用机制和购物安全问题则是大整合时期微商所面临的巨大挑战。同时，社会舆论会影响消费者在微商群或朋友圈的购物习惯，最终决定购买的因素会从早期的好奇、朋友推荐过渡到个性化决策。

朋友圈的微商交易非常简单，网友在确定购买意向之后添加陌生人商家为好友，通过微信私聊进行交易，可是这也是最容易出问题的环节，维权可谓是相当难，执法机关无法介入，微信官方也很难介入。

若是进行过度的私单交易，微信的关系链亲密度则会遭到破坏，系统可以检测私单交易，但是对于好友之间的交易，微信官方是无法干预的，这就需要微信平台进行必要的规范化管理，平台的政策和提醒也会不断改变微信用户的购物习惯。

社群电商？这是真的吗

社群电商是基于粉丝经济而兴起的。你的产品要想做大就需要粉丝的支持，要想拥有大量粉丝就需要具备超高的个人魅力以及产品特质。那么，社群电商只是有钱人的游戏吗？答案是否定的。

电子商务发展至今，品类在不断丰富，参与者也越来越多，像明星这种经济收入高、影响聚合力大的群体不再是社群电商的唯一参与者。在个性化需求爆表的时代，长尾理论似乎更受年轻人的喜爱，像小米、苹果这样的从众式消费依然很火，但是长尾经济要想做大做强还是需要中小电商发挥效用。

成功的社群电商所做的品牌不需要很大，但是一定要具备自己独特的品牌文化和特征，有明确的消费者定位，只有这样才会吸引个性化的用户粉丝跟风并主动传播。

我认识一个专门进行手工定制的朋友，主做皮制品，根据顾客需求纯手工定制，产品价格从几百元到几万元不等。由于具有独特的品牌文化和明确的人群定位，在短时间内得到了消费者的认可，口碑非常好。这类微商不需要太多营销手段，口碑传播就可以使他们成为很棒的社群电商。

对于社群电商这个概念，很多人望文生义，认为只要是在社交平台上买东西的商家都可以称为社群电商。社交平台上的营销固然会在短时间内呈现出很好的传播效果并获得销量的提升，但是这其中围观者、好奇者居多。事实上，社交平台上的网络广告才是比较成功的社会化媒体营销。社群电商不是一个单纯的营销词汇，也不是一时半会可以形成的，它需要长时间的沉淀和粉丝积累，我们所说的积累不是数量上的，而是粉丝是否对产品具有发自内心的热爱和信任。

要是简单地用粉丝数量或产品销量来衡量社群电商，也许安利才是最大的赢家。毕竟除了线下的直销方式，在互联网时代安利也利用网络进行交易。

社群电商的核心是要保证产品与粉丝需求的统一，那些依靠无限转发和刷屏聚集粉丝的微商只是打着社群电商旗号的传统电商。

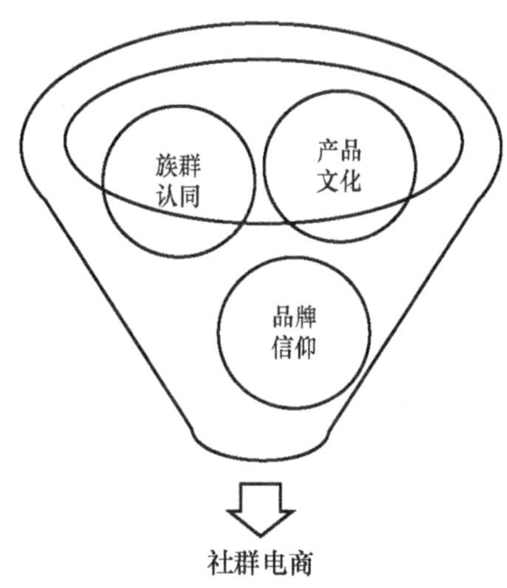

图 2-7 社群电商需要具备的 3 个要素

社群电商至少需要具备 3 个要素：产品文化、族群认同以及品牌信仰，如图 2-7 所示。比如总部位于美国的 Etsy，以手工艺成品买卖为主要特色，将自己打造成很好的社群电商；国内的趣玩网（图 2-8）也是社群电商的翘楚，具备独特的品牌理念。

社群电商具有独特的品味和兴趣，将传统电商的营销社会化渠道称为社群电商是不对的，事实上，电商培训者或营销培训人员很少真正做过电商、搞过营销。就如同淘宝早期的火爆一样，社群电商也处于火热期，等热情褪去，你会发现那些生存下来的才是真正的社群电商。

图片来源：趣玩网页面截图

图 2-8　趣玩网

如何抓住微商的机会

微商也好、电商平台也罢，说到底，他们所做的都是零售业和服务业，看的是你的产品和服务，整个过程所需要的是营销策略、销售手段、供应链条以及客户关系管理的规范化与专业化。微商已经逐渐走上了工具化、数据化道路，如何能抓住微商的机会、摒弃早期的吸血鬼式推广进而成就自己的电商事业，是我们需要思考的首要问题。

1. 培养消费者的购物习惯

在互联网时代，消费者的购买习惯已经被淘宝、京东这样的电商巨头养成，习惯于通过淘宝或京东搜索进行购买。而到了移动互联网时代，消费者的购买习惯还未养成，各类电商都处于平等地位。所以，微商需要思考如何以更加新颖的方式来唤起消费者的购买欲望。

微商是基于朋友信任发展起来的，那么，微商所要做的就是摒弃过去那种干涩生硬的广告风格，根据朋友的个性化分类对不同的朋友群采取不同的情感表达方式，实现情感营销，无论是文案还是促销活动，都要以人性化的方式进行切入。

2. 选择品类是关键

品类选择是微商成功的核心战略。农业生鲜领域是电商巨头切入的热点，天猫、京东都将农村市场作为推广的重点，而冷链物流的兴起，供应链和渠道的下沉都会使该品类实现飞跃式发展。“选择比努力更重要”是微商需要记住的一点，要根据自己的兴趣并对项目可控性进行考察分析，最终选择适合自己的品类。

3. 精神消费时代到来

现在的年轻人注重的是精神消费，无论自己是否达到了一定的经济水平，个性化已经成为年轻一代的代名词。越来越多的年轻人注重自己的 Style，若是微商们可以抓住年轻人的消费心理，那么距离成为真正的社群电商也就不远了。

4. 人货合一才是真爱

靠刷信誉、刷排名的方式争夺搜索流量已经成为过去式，我们现在所处的是以人为中心的社交移动时代。人和产品同样重要，根据消费者的个性化要求做到人货合一才能够打造新的电商品牌。曾经的淘品牌（天猫原创）打造了不计其数的品牌，然而真正存活下来的少之又少。所以，微商要想长久做下去，最重要的是理解长尾理论，做到人货合一。

 微商+众筹：借助众筹平台做微商，引领品牌微商崛起

2015 年 2 月 7 日，高端纤体果饮品牌“轻塑”在京东众筹平台发起了征集万名微商合伙人的众筹项目，引起了无数微商创业者的关注，如图 2-9 所示。

图片来源：京东众筹

图 2-9　“轻塑”发起的众筹项目

2014 年 7 月 1 日，京东众筹正式开始运营，截至“轻塑”众筹项目推出之时，其筹集金额为千万级的项目为 6 个，百万级项目为 44 个，筹资成功率超过 90%。在这些京东众筹成功的项目当中，涵盖了生活美学、流行文化和智能硬件这 3 个大的类目，而“轻塑”是京东众筹推出的第一个众筹微商项目。

众筹不仅为微商提供了新的融资渠道，而且对 2.0 时代微商的品牌化探索更是一种有益的尝试，众筹，或许会成为微商发展的一种新动力。

微商进入品牌时代

自从互联网进入中国以后，中国的电子商务就进入了一个发展的黄金时期。尤其是 2014 年，聚美优品、京东、阿里巴巴等电子商务企业纷纷赴美上市，并创造了一个又一个 IPO 神话。

但随着互联网的发展逐渐向移动端转移，原本基于 PC 端的电子商务也纷纷向移动端过渡，尤其在微信获得众多用户的青睐之后，“微商”的概念更是应运而生，成为了移动互联网时代的一大红利。

由于具有操作便利、运营灵活等优势，“微商”的概念一经推出，就获得了极快的发展。作为社群时代的一种有效的运营手段，微商渠道的重要性绝对是不容忽视的。但在这个个体能够独立运营、实现商品交易的平台上，微商团队也难免鱼龙混杂。处于草莽时代的微商暴露出了一连串的弊端，如产品质量参差不齐、产品宣传夸大虚假、产品营销方式单一等，这些都严重阻碍了微商的健康发展。

如同任何一个新生事物一样，微商在发展的过程中也在不断进化和优胜劣汰，那些能够保证产品质量，在资金、售后等环节进行规范管理，以及能够获得权威平台担保的微商，更能够获得长远的发展。

微商生态系统重构

2014 年，刚刚兴起的微商获得了极快的发展，由于进入门槛低，微商给无数个体和中小企业提供了有效的运营渠道。但由于监管等方面存在的问题，微商也获得了无数恶名，甚至成为“三无产品”的代名词。

一方面，为了进入良性发展轨道，微商必须对误区进行修正；另一方面，微信等微商平台也需要采取一系列有针对性的举措，以更好地构建平台生态系统。

根据艾瑞咨询发布的数据：2014年，中国电子商务市场交易规模同比增长 21.3%，已经达到了 12.3 万亿元；而移动购物市场交易规模同比增长则超过了 200%，达到了 9297 亿元；预计未来的几年移动购物市场交易规模将会持续增大，到 2016 年其在整个电子商务市场当中的占比将能够超越 PC 端。

在移动购物市场前景一片大好的形势下，微商就不可避免地成为了争夺的焦点。

三个“亿”的噱头

前文提到的“轻塑”就是微商 2.0 时代的代表，它之所以能够成为京东众筹的第一个创业项目，并引发无数的关注，主要源于以下 3 个“亿”。

1. 获得 1 亿元投资的瓶子

“轻塑”是一个高端纤体果饮的品牌，其背后的创始人也都有着与微商密不可分的关系。

“轻塑”创始人李丹妮，有着“谋女郎”和两个孩子的妈妈的双重身份，这使得她不仅能够把握吸引万千女性的时尚元素，而且更能够成为一个正能量的表率，有利于“轻塑”这样一个主打美丽和健康的品牌的运营。

联合创始人康庄，一方面具有丰富的企业运营经验，在企业策划、资本运营等方面都有自己独到的见解；另一方面，媒体经验也不匮乏。

联合创始人大友三男，是女性健康研究领域的专业人士，不仅是日本明治大学生命科学学院博士生导师，而且在赫赫有名的日本化妆品企业资生堂担任过 30 年的技术总监。

从上面的创始人介绍我们不难发现，这不是一个普通团队，而是“明显 + 媒体人 + 技术专家”的黄金团队。所以这样的团队班底，也就使得过去并不被人高看的微商能够获得 1 亿元的风投金额。

2. 征集万名“壕合伙人”亿元投资的众筹活动

“轻塑”在京东众筹的目标是寻找 10000 名天使合伙人，而成为其合伙人的条件是投资 1 万元，享受的福利包括：获得价值 18000 元的轻塑纤体果饮；连续 5 年获得价值 1 万元的轻塑产品；1 年之内可以无条件退货等；每年获得千万元级别的品牌及产品传播支持。

之所以推出“万壕计划”，“轻塑”一方面是希望能够在微商 2.0 时代打造极致的产品和品牌；另一方面也是希望其“天使合伙人”能够更好地运营品牌，并获得利益。

3. 新品销量估计超过 1 亿支

从“轻塑”的众筹活动及其品牌的影响力来看，完成至少 1 亿支新品的销量并非难事。

众筹或成社群动力之一

“轻塑”之所以能够引起如此多的关注，一方面是由于其自身在营销方面的优势，另一方面则由于其采用了一种更具有影响力的先进理念：打造微商的品牌化，并借用众筹作为品牌发展的动力。

而之所以选择京东金融作为众筹平台，则是由于其表现出来的实力。虽然目前国内不乏点名时间、众筹网等已经比较成功的众筹网站，京东金融的众筹平台仍然取得了不错的成绩。截至 2015 年 8 月 26 日，京东众筹累积的支持金额已经达到了 8.431 7 亿元，其中单项最高筹集金额为 7202 万元，如图 2-10 所示。

图片来源：京东众筹

图 2-10　京东众筹

而京东众筹能够取得成功，则主要是基于以下几方面的原因。

★**从战略层面来看**，平台发展金融是一条不错的路径，如支付宝就是脱胎于淘宝平台；

★**从战术层面来看**，京东 3C 起家，已经积累了足够体量的客户群，而且这些客户恰恰是对智能硬件比较感兴趣的；

★**从执行层面来看**，已经成为中国互联网巨头的京东，正在不断扩大自己的势力范围，其中金融就是其重点布局的一环。

另外，从发展方向来看，已经在智能硬件领域取得不错成绩的京东，也越来越看重快消品，尤其是主打时尚健康理念的品牌。因此，综合看来，“轻塑”的品牌方向正是与京东的发展战略不谋而合的。

在互联网时代，社群的力量越来越强大，从罗辑思维、小米手机的成功案例中我们都不难发现这一点。而在京东众筹发起“万壕计划”的“轻塑”，其目标也是社群，具体可以划分为具有一定的经济实力、秉持健康理念的都市白领女性。根据“轻塑”的发展规划，其战略为通过互联网平台，聚拢中国高端青年女性用户，建立国内具有较高黏性的女性社区，实现产品传播和营销的融合。

因此，反观这次众筹，我们会发现其核心逻辑是“人”，社交工具不仅放大了“人和商品”连接的机会，而且降低了其成本。目前微信上盛行的公众号、朋友圈等途径，就使得社交关系开始重组。

品牌驱动竞争力

“轻塑”在京东众筹发起的活动，吸引了相当一部分微商从业者，因为这种众筹的方式，与传统的加盟不同，能够让参与者更有合伙人的感觉，而且需要的成本更低。京东众筹平台不仅推出了这次活动，还将参与者取名为“筹客”，其背后包含了五大标签——品味、情怀、态度、梦想、探索精神。

作为京东众筹的第一个微商项目，“轻塑”具有里程碑式的意义。在微商刚刚进入人们视野的时候，确实经历了一个红利期，运营者不需要花费太多的成本和精力就能够从中营利，而在微商 2.0 时代，产品的发展更加注重品牌化。“轻塑”不仅体现了鲜明的品牌特色，而且使用了“微商＋众筹”这种先进的营销和推广方式，因此，其能够取得的效果也是更加理想的。

另外，通过京东众筹平台进行众筹，也起到了很好的信任背书效果。一个新品牌的推出，要获得信任毕竟需要比较长的时间，而权威平台的背书则大大缩短了这样一个过程。

 微商+平台：“消费者+场景+关系”决定微商平台的成败

如今，在朋友圈卖货的微商已经渐行渐远，平台微商开始走向时代的舞台。2015 年是平台微商自出现以来发展最为迅速的一年，拍拍微店、口袋微店、微盟 V 店等平台微商迅速崛起。

传统企业与零售商开始产生焦虑——在电商的不断冲击下，市场份额的迅速衰减使他们不得不寻求突围之路。而一些中小企业则希望能搭乘平台微商的班车，从而发展壮大自己的规模。我认为，平台微商的发展将会涉及消费者、场景、关系三大要素，如图 2-11 所示。

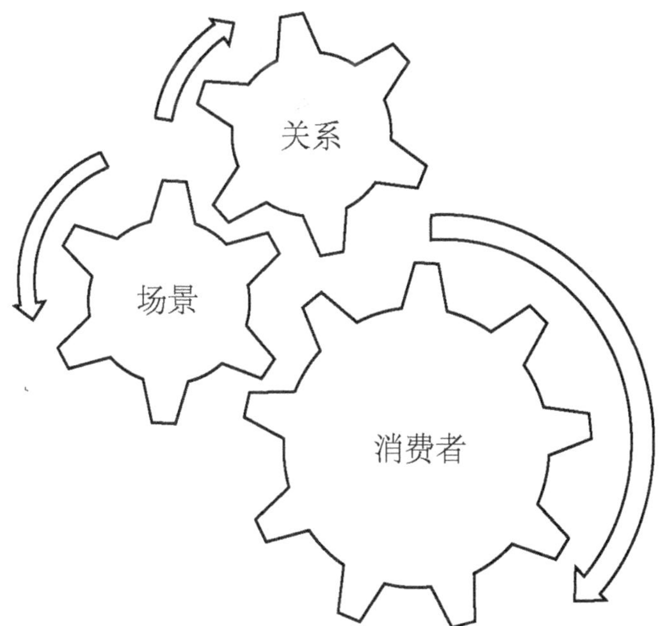

图 2-11　平台微商的发展涉及的三大要素

平台微商的3种模式

★**逛**。这种特殊的爱“逛”群体从古至今一直存在，这类消费者不一定是为了购物，但是通过不断地“逛”可以使他们的好奇心得到满足，而且在“逛”的过程中，受到外界因素与内心情感的双重影响，他们还会发生一些冲动消费行为。

★**推荐、分享**。在你的朋友圈中，可以经常发现朋友分享的产品链接和一些购物的经历以及商品的评价，而且一些人群也十分喜欢在朋友圈中“炫耀”自己买的商品。此种有意或者无意的分享与推荐和简单粗暴的朋友圈卖货行为有着巨大的区别，它建立于彼此信任的基础之上。

★**搜索**。搜索在PC电商时代成为消费者的首选，而随着移动电商的崛起，消费者在PC时代所形成的基于搜索的购物习惯必将被打破。就目前来看，习惯使用搜索的人群可以划分为两种：其一，对产品了解透彻、目的明确的用户群体；其二，某种品牌的忠实粉丝群体。

未来，用户可以在平台微商上逛、推荐与分享、搜索，这3种模式将会长期并存，而搜索、推荐与分享将会成为主流模式。从购物模式的改变以及微商去中心化的平台属性来看，我认为微商的发展将会产生如图2-12所示的3种模式。

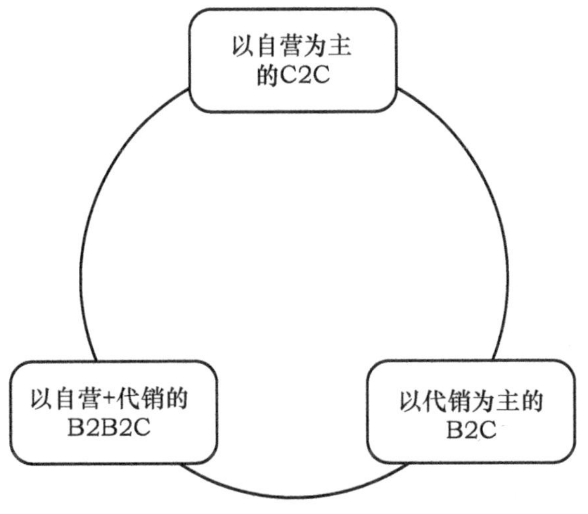

图 2-12　微商发展的 3 种模式

1. 以自营为主的 C2C

目前大部分的微商都还是基于 C2C 的个人微商，这些商家主要通过获得产品的代理权在社交媒体上进行推广营销，微商开始兴起之时这些商家确实也获得了较高的收益，但是由于采用类似传销的层级代理模式，产品的同质化严重，更为严重的是官方机构开始对这种模式进行严格的限制，个人微商的处境越来越艰难。

经过一段时间的沉淀，走差异化路线同时保证质量的个人微商逐渐得到了消费者的认可，出现了经营土特产、手工艺品、生鲜等社群微商，这种模式的优势在于商家可以在第三方平台上与消费者直接对接，营销策略灵活多样，价格可以自主拟定。

但其缺点也很多，例如，产品运营难度大，产量上也没有充足的保障，物流及客服都要亲力亲为，等等。

2. 以代销为主的 B2C

从微商当前的形势来看，从 C2C 模式到 B2C 模式的转变已经成为一种不可逆转的趋势，虽然 C2C 模式商家在数量上占据绝对优势，但是许多商家已经开始了转型之路，前文提到的平台微商大多是 B2C 模式。

这种模式的优点在于商家可以获得平台的担保，而平台的各种功能也让商家得以专心地改善产品的质量与服务体验，消费者可以在平台上得到交易体系和售后服务的保障。B2C 模式的平台微商能够为分销商提供分成，部分消费者也会转化为分销商，借助社会化的社交媒体平台，B2C 模式的分销商可以快速获得足够的产品分销商。

这种模式的缺点在于分销商的定价权较小，而随着 SKU 丰富度（同类产品的可选择性）的增加，产品的同质化问题日趋严重，分销商的佣金会随着产品价格的波动而有所调整，某些时候分销商会因为产品的返利太低而导致推广积极性不高。

3. 以自营 + 代销的 B2B2C

自营 + 代销的 B2B2C 模式中的第一个 B 指卖方（原材料、半成品、成品供应商等），第二个 B 指微商平台，主要是负责协调卖方与买方之间的交易，提供周边服务等，而 C 则指买方。买方并不局限于商家及企业，个人也同样包括在内，为买卖关系逻辑意义上的买方。

这种模式的优势在于形成了一个紧密连接的产业链——“供应商 + 生产商 + 经销商 + 消费者”完成了价值增值到价值变现的传递。交易环节中的资源通过平台得以重新配置与整合，消费者可以获得优质的产品及服务，商家可以获得更大的销售利润。其缺点同样比较明显，比如，商家价格方面不具优势，在商品的质量、物流及售后等方面很难制定一套通用的标准。

 决定微商发展的两大因素：场景+关系

“用户流量为王”的 PC 电商将会被“场景 + 关系”的移动电商所取代，未来的微商不论采用哪一种模式，“场景 + 关系”必成为同行业内竞争的核心要素。

移动互联网时代场景即为另一种形式的入口，当前国内的用户社交流量已经被微博、微信、QQ 等几家社交平台瓜分完毕，平台微商要想在这其中分一杯羹，如果没有在科技创新上有所突破，这基本上是不可能实现的。

而场景的出现为微商获得用户流量提供了一种重要的渠道，场景主要表现在两个方面：其一，不受特定时间的限制，用户流量的来源更加广泛；其二，微商不受地域限制，无论是商家还是消费者都可以将自己的东西用手机拍下来，随时随地地通过移动互联网平台进行销售。

随着移动互联网的发展，关系的跨度决定了传播的广度。本质上微商属于移动电商，而移动电商所带有的社交性将会推动微商的进一步发展。其传播关系在分享与购买方面体现得淋漓尽致，分享行为的发生一方面是出于一些人的爱好，另一方面是受利益驱动。无论是主动分享还是被动分享，都在无形之中建立了商家口碑。朋友之中的分享推动了购买规模的进一步扩大。

在移动电商之中，微商自成一脉，形成了一种独特的行业格局，当前的微商发展面临着困境，但其前景是一片光明。如今的传统企业与媒体平台已经逐渐接受微商之风的洗礼，并开始将微商提升至公司发展的战略层面。

读书笔记

第3章

微商经济学：移动互联网时代，微商崛起背后的经济学思考

社群经济：社群商业时代，构建一个有价值的活跃社群

以小米粉丝社群与脱口秀节目“罗辑思维”为代表的社群使得社群经济在 2015 年变得火热起来。这种新型商业形态的社群经济越来越多地受到互联网企业、明星、机构组织、传统企业的追捧，但是徒有数量没有质量也不行，运营社群经济需要具备精准的定位能力，否则投入再大的资本也难以成功。

电商平台衰落，社群经济迅速兴起

在移动互联网时代的大环境下，O2O 迎来了发展的黄金时期，一些兴起于传统互联网时代的电商平台也开始呈现疲态，用户逐渐被移动端的电商平台分化，用户流量急剧下降，一些传统的电商平台走上了拼价格的“不归路”，出现了一大批处于亏损状态的公司。而一些中小商家开始脱离平台，例如，最近几年，淘宝上的中小商家中就出现了大量的逃离者。

在 B2C 市场推广上一直处于强势地位的百度搜索竞价，如今也面临困境，商家用户越来越多，但是消费者被移动端和越来越多的场景不断分化，一些商家开始抱怨花了大量的钱却和原来的效果相差甚远。而前段时间红得发紫的微商也因朋友圈无限制的推广宣传和多级代理模式的类似传销手法成为了广受诟病的非主流模式，甚至央视在 2015 年 5 月 23 日专门对“微传销”进行了报道，火热的微商也被泼了一头冷水而陷入了休眠期。

而 2015 年社群经济迎来了崛起的时代，在短时间内就迅速深入到各行各业之中，手机领域有小米、华为，个人生活服务领域有美甲的河狸家，阅读领域有吴晓波的读书会，思维创新领域有李善友的颠覆式创新研习社……社群崛起的序幕已经拉开。

社群的本质是一群志同道合者的聚焦

那么，企业又该如何创建并发展自己的社群？一些企业投入了大量的人力、物力，招聘精英团队运营微博、微信、论坛、贴吧等交流平台却不见效果。

到底如何为创建的社群注入生机与活力，使其能够吸取营养从而不断壮大？说到底，社群的本质是志趣相投的人之间的集合，关键在于如何使其创造价值。一个拥有庞大数量的社群可以成天聚在一起灌水、拉家常，成为乌合之众，也可以在一起聊产品、谈企业发展，为企业创造价值，两者的差距就在于同什么样的人聚在一起做什么事。社群的运营者首先要考虑的是如何定位社群。

一些人认为传统企业的战略规划定位理论已经不再适用，移动互联网时代需要的是跨界运营，直到达成网络化与无界化。但是社会学意义上的社群是具有某种相似特征的人格特点的一群人的集合。社群不是简单的规模化与标准化，而是在某种程度上的个性化与小众化，新社群的运营者在社群成立之初就应该进行清晰明确的社群定位。

要做好社群的定位工作，首先要明白的是社群应该如何分类。主持罗辑思维的罗振宇将社群定义为利益型社群与情怀型社群。罗辑思维属于“死磕自己、取悦别人"的情怀型社群。

先看一下这两个事件：2013 年 10 月 13 日，乐视免费为罗辑思维提供 10 台超级电视，总价约 7 万元，还赠送了 20 台电视盒子；不久后，黄太吉又免费赠送给罗辑思维 10 万份煎饼果子。罗辑思维的未来有可能会成为一种特殊的"类交易所"，它能让企业获得资金、品牌、用户、传播渠道，使人性中的商业化天赋在这种"类交易所"中得到完美释放。

这种"类交易所"就是社群经济的一种延伸。而李善友则将社群的类别总结为产品型社群，除了传统的产品与服务外，一些明星、达人以及魅力人格体的社群都属于产品型社群。

移动互联网时代的产品所表达的不能只是简单的功能，更要表达出一定的情感。一些只有高配置的冷冰冰的产品一样无法热卖，只有将产品社群运营好，让产品品牌和营销方式结合起来、粉丝与用户结合起来，这样赢利点将不再只局限于产品售价，一些相关类型的周边服务同样可以带来可观的利润。

如何构建一个有价值的活跃社群

社群的类型按照其载体的形式可以划分为自媒体、产品型以及服务型社群；按照社群范围可以划分为品牌、用户以及产品社群。品牌类的社群是指有品牌风格特点的企业或者社群；用户社群是以人为核心，跨行业、跨种类的用户社群；产品社群是某种产品或行业的用户社群。

分类方式不一样，其运营策略也有一定的差别，但是社群本质上还是人与人之间构成的自由组合，一些兴趣爱好相同的人组成的一种平等、互通、合作的团体，每个人能在平台上享受到一定的权益，同时还能体现自己的价值，为平台及社群创造价值。

构建社群也有着一定的前提与条件——只有能够充分了解自己的资本，并千方百计地去将这些资本发挥到极致的人，才算迈出了成功的第一步。一些如今玩转社群经济的业界牛人，在创业伊始拉投资、泡论坛、走公关才成功地找到了第一批种子用户，雷军的 100 个“梦想赞助商”就是一个典型的例子。具体来说通常包括如图 3-1 所示的几点：

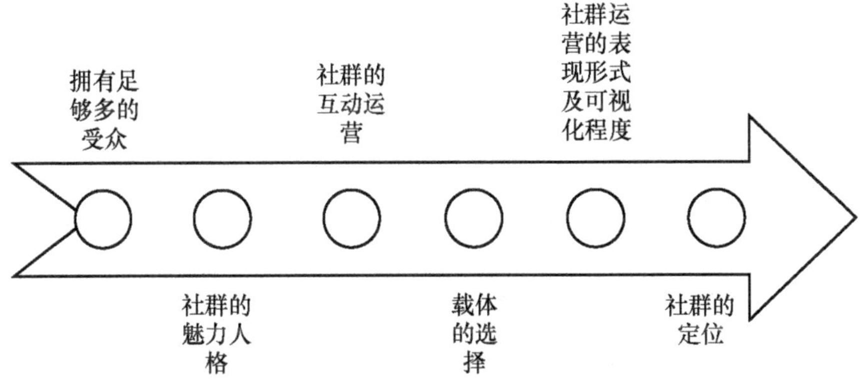

图 3-1　构建一个有价值的活跃社群的关键

1．足够多的受众

仅有质量过硬的产品以及优质的服务体验还不够，还要拥有足够多的受众才行。那些需求强烈、使用频次高的产品及服务才是社群成功的基础。有了这些条件才算是通过了社群经济的第一关。

2．社群的魅力人格

你的行为、使命、责任能否体现一种极富魅力的人格品质，你是否有能力去征服一批意见领袖？你能否在社群中一呼百应、引发共鸣？

3．社群的互动运营

能够带来一定价值的社群才能算是成功的社群，用户社群的运营、推广及组织都需要一定的运营策略，运用一定的技巧才可以达到理想效果。

4．载体的选择

优质的产品及服务可以称之为较好的载体，但是这种品牌型的社群往往是最具挑战力的；情怀型社群的运营也需要载体，主要有现实型与理想型两种。现实型是指有具体可以依托的事物，如钢琴、阅读、自行车。这种类型的主要特征是社群的个性比较明确，但是有一定的范围局限性，社群人数发展的规模会受到一定的限制。而理想型则要从梦想、科幻等超脱现实的事物入手，这种类型可以发掘的空间范围比较广泛，但最后还是要落回到现实的事物中来。

5．社群运营的表现形式及可视化程度

社群运营过程中所有的行为都是某种意义上的媒体及营销，此外还需要自媒体或者视频领域的人才去引导社群不断壮大其规模，展示出更大的价值。当然，如果上述这几点你无法达成，那就只能走自建社群外的另一条路——投资、合建社群。

6．社群的定位还要结合你的初衷

你的目的是为了推广产品，还是为了促进大家的共同进步，抑或是为了回报社会，当然你也可能是想要传播你的价值观。这些不同的目的都会影响你的社群定位目标甚至是运营的策略方法。而社群的目标人群，是行业领袖，还是创业者，抑或是如同罗辑思维中的互联网知识型人才，当然也可以是类似小米那样的大众人群。

如何避免聚集大批乌合之众

用户群体的定位可能有所不同，但是其共通点在于掌握分析社群背后的需求和社交场景。社群在本质上是一种团体成员实现自我价值的生态系统，其本身存在着自我发展、吸收的能力。而且线上的用户场景规划，能够推动社群的运营策略及运营目标的达成。

一些刚开始经营社群的人容易为了追求一时的用户规模而“眉毛胡子一把抓”，忽略了对用户质量的把控，社群需要以价值观的共鸣引发社群成员关系的连接，这个连接的牢固程度则取决于社群成员的质量高低。

定位了社群的成员群体之后，还要完成社群的价值及情感定位，即根据用户的需求或者是性情特点，对社群进行定位。励志型、娱乐型、文艺型、技术型等都可以用作对社群经济的定位。

根据社群的定位为社群确定一定的横向发展范围，有了这个界定范围才能有效避免出现一个散乱不堪、乌合之众汇聚的零价值社群。

此外，还要拟定社群的战略方向，根据所掌握的资源确定纵深领域发展的限度。可以从大范围全面开展、广泛布局，也可以直接从垂直细分领域直接切入、逐渐积累。这与社群运营者的资源、能力、机遇、偏好等有较大的关系，不可一概而论。

最为关键的是一定要站在时代的风口之上，小米借助智能手机崛起的风口成为了估值几百亿美元的社群经济的佼佼者；罗辑思维站在微信崛起与大众化的互联网思维之上塑造了一段传奇。社群经济一定要考虑好社群成员的载体、价值观、性趣偏好等，懂得识势、借势、造势，你的社群经济乘着风口才能一飞冲天。

粉丝经济：粉丝经济时代，基于微信平台的微营销模式

微营销这个词在现代商业销售手段中逐渐为人们所熟知，很多个人乃至企业都把目光投向这个平台，利用微信来推销产品或服务，借此为自己提供

更多的销售机会，以带来更大的利润空间。而究竟如何高效利用这个低成本平台，是企业和个人在进军“朋友圈”时必须先要上好的一课。

产品的市场效应

微信作为一个公众平台，具有看似矛盾实则存在辩证关系的两个特点：封闭性和开放性，如图 3-2 所示。

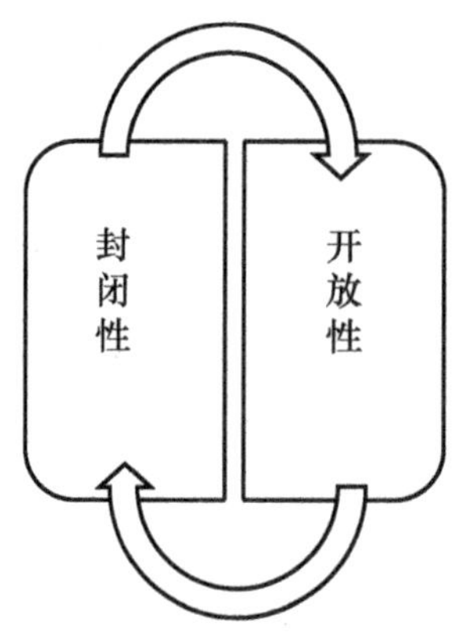

图 3-2　微信的两个主要特点

所谓封闭性是指微信的宣传频道主要在于朋友圈，而具备宣传能力的“大圈”是由一个个“小圈”因为某几个人而关联在一起，彼此之间于外界而言存在封闭性，这就要求产品的质量一定要过关，在市场中的反映度要好，只有这样圈子里的人才会主动去分享，从而达到宣传推广的目的。

所谓开放性是指微信作为一个社交网络，其传播速度和广度是惊人的；相应地，倘若产品本身在市场中的负面效应过大，那么该不良效应则会通过微信迅速蔓延。

因此在利用微信平台之前，商家必须要做好充分的市场调查，收集市场反馈，以便控制投资风险，利用好微信平台，提高收益率。

内容的传播效应

与其他平台相比，微信平台最大的特点是该平台的活动大多都是由用户的参与而形成的，用户的参与度代表该平台的活跃指数。因此，在微信平台上做出的推广内容须具备互联网内容的特性，即趣味性和互动性，要吸引用户的眼球，用户才会主动去分享企业的内容。

一个企业若想做好自己的微信公众号，极为重要的一点便是其发布的内容需得满足大部分微信用户的需求，不能顾此失彼，以一部分用户的厌恶为代价来迎合另一部分用户的喜好，这是得不偿失的。

过程的至善至美

微营销所推出的是从产品销售到售后服务这样一个完整的链条，任何一环的纰漏都会对其营销造成不良影响。其中最基础的当然是产品本身的质量，好的产品本身就是最大的说服力。另外，产品推广过程中所涉及的环节，诸如产品包装、售前咨询、售后跟踪以及售后服务等，都会作为产品的附加值成为影响用户判断的重要因素。

只有每一个环节都做到至善至美，才能让用户体验一次愉快的购买过程，从而促进品牌形象的传播。

用户的极致体验

在微营销中，商家通过虚拟平台来完成与用户之间的沟通，而如何通过有限的沟通来挖掘出用户的需求是营销成功的关键之处。作为一个服务行业，其竞争的实质很大程度上来说就是用户的竞争，只有针对用户的需求和习惯来不断完善自己的服务，提高产品质量，给用户极致的体验过程，才能获得营销的成功。

比如，对于微信咨询回复，商家不能设置统一的回复模版来应对所有的用户，要让用户感觉到自己是在享受人性化服务，而不是仅仅面对一台冰冷的机器。提高用户的体验质量是商业体系运行通畅的一个关节点，把用户的价值放在重中之重的位置，是企业经营的智慧体现。

宣传的热点讨论

“热点”往往代表了当下人们的关注点，如今网络发达，信息传播迅速，热点很容易引起大众讨论。而这些热点基本上是融时事和观点于一体的，从营销角度来说，这就是极具营销价值的内容。

针对行业特点来对这些内容进行整合，加以相应的评论以及与自己行业的结合，稍加论述，便能够形成一篇很好的营销文章。以这些热点为噱头来顺势引出行业产品，既能吸引顾客的注意力，也能使产品时刻与时代相结合。例如，“双 11”时，淘宝便打出了数篇以“双 11”为题头的营销文章，这在微营销中同样适用。

情感的交汇共鸣

微营销借助网络阅读之便，其“情怀营销”更容易施行。打“情感牌”引起用户的共鸣是一种较为有效的手段，能给商品赋予丰富的“情感价值”。

例如，赋予产品或者企业一个感情丰富的故事。故事的来源非常广阔，品牌创业者的创业经历、客服人员在与客户交流时无意中得到的故事，等等，倘若注意搜集和整理，并从其中挖掘出与产品相关的价值内容，那么就会整合出非常具有感染力的营销内容。

 内容的社会化整合

收集整合资源，并加上自己的再创造，然后通过微信平台推介出去，会使粉丝们感觉到该企业公众号能提供有价值的东西，从而提升了平台在粉丝中的信誉度，此后该平台推广的内容也就能够更容易被粉丝所关注。

而通常来说，这些资源的获取还是非常便利的。利用网络，通过关键词的广泛搜索便可能获得许多相关资源，从而深入挖掘出与产品或企业最相关、最有价值的社会化评论。进行整合编纂之后，汇集成文章予以推介。有很多内容，比如脱口秀，其内容新鲜有趣，生动活泼，颇受网友喜爱，将类似于这样的内容整合至微信平台，必然也会受到粉丝们的关注。

 细节成败论

在微营销中，人们往往容易忽视一些细节，而这些细节往往起着至关重要的作用——让你或者加速成功，或溃于蚁穴。那么营销中值得注意的细节都有哪些呢?

1. 借助巨人的肩膀

对于刚接触微营销的新手来说，闭门造车是行不通的，多借鉴前人的经验，尤其是对于优秀的营销行家，研究与琢磨其经营的成功之处在哪里，并与自己的行业进行类比，看看有没有能借鉴的地方，再逐渐形成自己的模式。

2. 与用户保持良好沟通

所谓的沟通并不是指一刻不停地向用户推荐自己的产品，要知道过犹不及，那样反而容易引起用户的反感。多为用户分享有价值的内容，逐步培养起用户的信任感，才能为此后的营销打好基础。

3. 推广用户的明确

对于每一次推介的对象，其资料要尽可能地全面，使读者能够从内容中了解到对象的详细信息，从而提高用户的信任度。

4. 为读者着想的态度

经常征询用户的意见，包括用户感兴趣的内容、便于接收信息的时间，等等，从而创造出更多与之交流的机会。

5. 质量比数量重要

不盲目地追求用户的数量，数量越多不等于每一个粉丝都是有效客户，如果不能转化成商业价值，粉丝的数量就没有意义。因此，开发有价值的高质量粉丝远比一味追求数量更重要。

6. 树立自己的观点

企业独特的观点决定了该企业未来在该行业中能占据领先的地位。在推广过程中嵌入与众不同的亮点能够给用户带来不一样的独特体验。

7. 短小精悍

微营销中相关文章的发布并不是字数的长篇累积，以五六百字的篇幅为宜，内容表述应简约而不简单，能够有充足的空间留给用户来想象和思考。而有限的文字一定要展现出精致的内容，高质量的内容才能引起用户的广泛分享。

8. 图片的重要性

在微营销中，图片最能够吸引人的眼球。选择与企业相关的图片并恰当地穿插进内容中，是微营销注重细节的表现。

9. 与用户的互动性

重视与用户之间的沟通交流。与微博不同，微信平台不能够引起众多人的转发评论进而形成热潮，而只能与用户进行沟通来提高用户的信任度。此外，还应当注重个人账号与公众账号之间的粉丝共享，将资源融会贯通。

10. 内容提前预热

推送的内容不可盲目，而是要提前做好产品的整体规划，逐次进行推介。推广内容会直接影响用户的购买期待，因此提前进行内容预热是十分必要的。

11. 腾讯平台手段综合利用

除了微信平台之外，QQ 空间、腾讯微博等也是有效的宣传途径，将这些途径综合利用，宣传效果会更好。当然，途径手段要合理正规，不然很容易被腾讯封杀。

12. 认证提高信任度

微营销中企业是否得到认证将影响用户对企业的第一印象，因此尽早完成认证可帮助企业提高其在用户之中的信任度。

13. 微营销模式的最终落脚点

微信平台的沟通并不是全部，人与人之间的交流才是最本质的。因此，在用户订购之前通过电话进行交流更为直接有效。

总而言之，微信平台提供的仅是一种推广交流的工具，而真正发挥作用的依旧是幕后对其进行操作的人，摆脱机械化宣传，发挥人性化优势，是微营销取得成功的重中之重。

信任经济：信任产生价值，微商重塑买家与卖家的关系

基于“连接一切”的微信平台发展起来的微商，自兴起以来就轰炸了所有受众的认知，如今更是成了大众讨论的一个焦点。为何关于微商的讨论会如此火爆呢？这就需要从微商略微尴尬的现状来进行分析了。

如今，席卷了朋友圈的微商稍显后继无力，其发展已然遇到了瓶颈。一方面，虽然产品仍然如火如荼地在朋友圈里刷着屏，但微商们的脸色随着“钱途未卜”而变得无奈起来。另一方面，曾经门槛很低的淘宝创业随着时间的发展，创业成本变得越来越高，前仆后继的淘宝卖家纷纷搁浅，于是大部分卖家将赚钱的希望转向了微商。

就是在这样的形势下，微商们的神经变得敏感起来，微信稍微有点风吹草动，微商们就如临大敌。其实，这也难怪，毕竟如今的形势日新月异，又恰好处于新旧交替的阶段，电商领域正从传统互联网向移动互联网过渡，在这个重构的风口浪尖上，微商作为探路者自然需要小心谨慎。

也正因如此，公众对微商的讨论就越加火爆。然而，在这些讨论中，不乏理解有偏差的内容出现，微商的概念在这些有误的认知中呈现出了狭隘化趋势。

微商不是朋友圈卖货

很多人接触微商都是从朋友圈里突然出现的各式商品开始的，之后才知道了“微商”的概念，于是许多人就把微商和朋友圈卖货等同了起来。其实，这

种理解是不正确的，朋友圈卖货属于微商的一种，但微商并不是朋友圈卖货。

微商，从本质上来说，就是移动社交电商，依靠移动社交而存在，它主要有两种模式，即 B2C 微商和 C2C 微商，前者是以微信公众号为依托，后者则指在朋友圈里开店。所以，微商不仅仅是朋友圈卖货，还包括微信开店、口袋购物、微博打赏，等等。

或许，因为基于朋友圈卖货这种理解，有人将微商这个概念中的“微”字理解为微信，这也是不正确的，因为微商的“微”指的是微小，这种营销模式是从微小的关系做起，一步一步地沟通经营从而建立起一定的信任。

微商，并不是传统电商的延伸，而是一个重新构建的过程；在这个过程中，微商要做到的是去平台化、去流量化以及去品牌化，如图 3-3 所示。

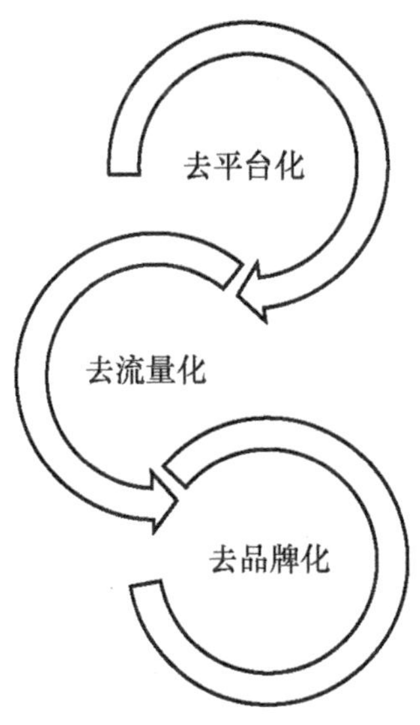

图 3-3　微商重建电商的 3 个关键

★**去平台化**，就是指做微商的商家不再受到平台的制约，传统的电商是必须依赖淘宝等这样的平台才能立身并生存下去的；

★**去流量化**，指的是汇聚一切可以利用的社会化媒体，将商品一键分发下去；

★**去品牌化**，则是对产品品牌效应的一种弱化，如今市场上各种小且美的产品比比皆是，品牌不再是消费者的首要选择。

微商正在改变什么

微商的发展如星火燎原一般几乎在一夜之间就席卷了中国大地，可是直到现在，整个微商界在交易系统、信用保障以及维权机制等方面都没有一个成熟的制度，可谓举步维艰。然而，奇怪的是，仍然有许多人对微商前仆后继，纷纷参与进来。

这究竟是为什么呢？微商究竟有什么魔力，引得众人如此追捧呢？如果我们细加分析的话，可以发现微商在不知不觉之中好像改变了什么，如图 3-4 所示。

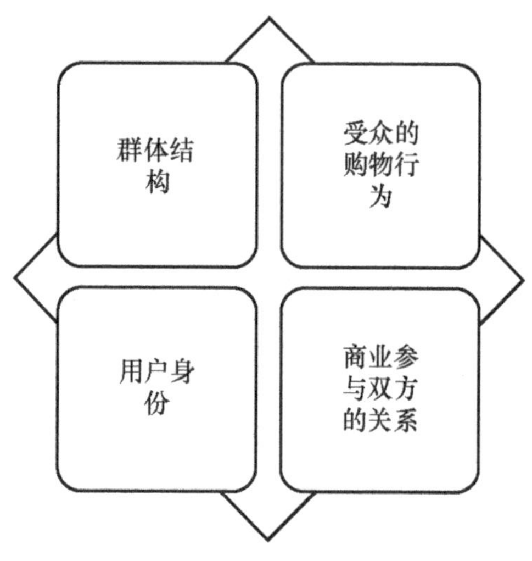

图 3-4　微商改变的 4 个方面

1. 从群体结构来分析

对于自商业来说，我们首先要从群体结构来分析，之所以很多人认为微商就是在朋友圈里卖货，是因为微商是从微信电商开始做起的，继而经过了微电商的阶段到达了微商，这其实就是一个从雏形到成熟壮大的过程，是微商不断完善自身的一个过程，也是扩充这一群体并使之得以延伸的一个过程。

2. 从受众的购物行为中进行分析

在 2014 年的“双 11”购物狂欢之中，天猫商城达成了 571.12 亿元的交易额，其中有 42.6% 的比例来自移动端，而且在 PC 端下单后再由移动端支付的情况也大有人在，受众的购物习惯已经渐渐地从 PC 端向移动端转移了，应该说微商在其中所起的作用不容小觑。

3. 从 C 端的用户身份分析

比如，你对时尚很感兴趣并有所了解，通过朋友圈购买了一款比较熟悉的产品，使用过后觉得很不错，你就可以考虑做这款产品的代理或分销。这时候，你不能再单纯地被归为 C 端的用户，因为你已经有意识地向 B 端进行转换，也就是说，你从一个买家变成了一个卖家。

4. 从商业参与双方的关系进行进一步分析

在传统的电商时代里，存在的是“人—产品—人”这样一种单纯的商业情况，由产品来搭建起买方与卖方的桥梁，此外并没有其他任何联系。然而，微商属于移动电商，商业参与双方的关系就不是那么单纯和直接了，因为他们最先存在的是社交关系，然后通过社交关系达成买卖产品的交易，这种模式是循环的，将会不断传播。

为什么说微商是一种“信任经济”

经过分析，我们会发现，原来微商在潜移默化之中已经为我们带来了如此多的变化，那么，微商的未来是怎样的呢？就这样如履薄冰地前进着的微商会走向何方呢？或许，信任经济就是一个答案。

1. 微商的依托平台是移动社交终端，其发展的基础和前提就是信任

我们来看一下做微商的一个流程。

★第一步，是与受众建立关系，这需要对方通过你的好友申请；

★第二步，是引起好友对你的产品的兴趣，这就需要你能抓住好友的心理喜好；

★第三步，是和好友建立长期的信任关系，这就需要你及时与好友进行互动和交流。

其实，这就是一个使信任不断得到深化的过程，在这个过程中，可以使原本素不相识的陌生人变成拥有一定信任基础的熟人，从社交中的弱关系转换为强关系。然后，这些已经对你产生了基本信任的好友就会对你的产品产生一定的信任，接下来，只要产品质量有保证，再辅以体贴的服务，那么成交就不成问题了。

2. 微商在朋友圈的传播途径主要在于分享，从中会获取到一定的价值

如今这个时代，是一个分享的时代，大家不仅乐于分享自己的生活状态，还乐于分享一些有趣的文章或是新鲜的事物，之所以如此乐此不疲，是因为分享能够为我们带来乐趣。这种分享是无偿的，因为它带来的并不是直

接的利益。

基于此，我们可以相信，一旦有有偿的分享，那么参与者肯定会有不少。在有着信任关系的朋友圈内，分享一些朋友们或许会感兴趣的东西，而感兴趣者则正中下怀，还节省了自己搜索的时间，这样就产生了一条新的生意链。

3. 微商能否成功地吸引到受众在于其影响力

微商的门槛与淘宝相比可谓更低，人人都可以参与进来，但是能够参与并不代表能够成功。虽然微商是一步一步走出来的，但是专业人士或是公众人物比草根更容易成功。因为专业人士在其领域里显得比较权威，而公众人物则有群众基础，比较容易得到受众的信任，所以他们有着一定的影响力。在微商的领域里，有影响力就有优势。在受众眼中，产品被人格化了，他们把产品和人结合在了一起，比如 iPhone 和乔布斯。

所以说，微商是建立在信任的基础之上的一种经济模式，没有信任就不会产生交易，没有交易经济也就无从谈起。随着科技信息的不断发展，移动互联网的信息化会更加透明，由此发展起来的经济关系就会更加强调人与人之间的关系，微商就是典型的例子。

分享经济：Web3.0时代，微商如何体现分享经济理念

随着智能移动终端的普及，微信逐渐成为人们相互联通的重要渠道之一，订阅号、微信红包、服务号等新型功能也帮助微信成为流行 App。微信作为时下最热门的社交平台正在向商业平台演变，微商应运而生，成为当下最火

的赚钱手段。

不过有业内人士认为微商已经江河日下，还列举了众多微信必衰的原因，不可否认，这种看法是有一定依据的。但是在我看来，微信在经过初期的探索、发展之后，功能更加完善，给营销行业带来了颠覆性的变化，已经由粗放式发展的初期过渡到蓬勃成长期。

 微商是Web 3.0时代的新产物

提到微商，追根溯源我们必然会想到互联网，互联网和移动互联网的发展带来了商界革命，品牌商家也在转变着自己的营销策略以适应互联网革命的不同时代。而互联网革命经历了 3 个不同时代，如图 3-5 所示。

Web 1.0时代

- 特点：组织说，大家看
- 代表作：新浪、搜狐、网易
- 商家行为：广告投放、新闻发布

Web 2.0时代

- 特点：一部分人说，大家看
- 代表作：天涯、猫扑、人人、新浪博客、QQ空间
- 商家行为：广告投放、新闻发布、意见领袖、社区营销

Web 3.0时代

- 特点：人人皆可参与
- 代表作：微博、微信、陌陌
- 商家行为：广告投放、新闻发布、意见领袖、社区营销、碎片化营销、病毒营销、圈层营销、粉丝经济

图 3-5　互联网发展的 3 个阶段

★ Web1.0 时代：用户是网站的浏览者，以点击流量为盈利点，这是一个“他们说，我们听”的“资讯时代”，如新浪、搜狐、网易等门户网站。

★ Web2.0 时代：用户是网站的浏览者，也是制造者，以用户参与为主要特征，这是一个“一部分人说，我们听”的“社交时代”，如人人、天涯等社交网站。

★ Web3.0 时代：用户的个性化参与是其显著特征，可以更有效地聚合用户信息，这是一个“人人说，随时说”的“碎片化沟通互动时代”，如微信、微博等移动 App。

微商则是 Web3.0 时代的产物。随着微信成为热门社交平台，许多品牌商也发现了其中的商机，认为微信不仅是一个沟通手段，更是一个很好的商品销售通路，于是“微商”应运而生，成就了当今的“微商”时代。微商实际上是一种新型的电商模式。

微商，是分享型经济的体现

什么是分享型经济？所谓分享性经济又称协作型消费，推崇“使用而不占有”的理念。而微商则将这种理念表现得淋漓尽致：微商是借助微信平台将自己的产品推销给消费者，实现商圈的健康循环发展，整个过程就是使用而非占有。

接下来，我们就深入分析一下微商作为分享型经济体现在哪些层面，如图 3-6 所示。

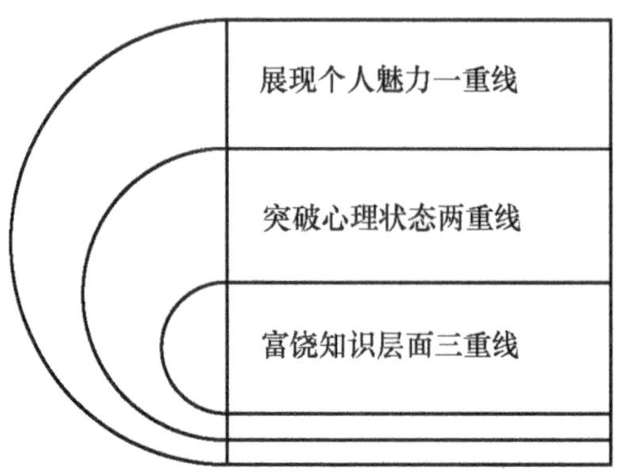

图 3-6　微商作为分享型经济体现在 3 个层面

1. 展现个人魅力一重线

微信是影响力相当大的“自媒体”，每个人都可以借助这个平台来展现自己的个人魅力。事实上，我们在朋友圈发表状态、与自己的朋友或客户进行一对一的交流沟通就是“分享型经济”的体现。

因为我们是在借助微信这个平台，向自己的朋友表达自己的情感，与客户分享知识、产品，这就帮助你形成了自己的个人魅力。之后的聊天以及信任度的建立，乃至你成功完成交易，都是借助微信平台分享内容来实现的。

2. 突破心理状态两重线

做微商首先要做的是调整好自己的心态。心态营销作为“分享型经济”的一种表现已经成为微商自我发展的重要内容。假如你是初级微商，肯定会对自己的“小白”感到十分难过，这时就需要你以一种积极向上的心态来慢慢学习。所以，微商如果可以将自己的阳光、积极、正能量最大限度地展现给客户，这将是最成功的自我营销。

3. 富饶知识层面三重线

微商需要具有丰富的知识，而知识不仅是学来的，更是自己在实践过程中所获得的经验积累，而将这些经验分享到朋友圈，则是自我营销。朋友或者客户因为你的分享成为产品或者你的追随者，进而成为产品的分销商，这种角色转换实际上就已经帮助你实现了经济循环。

所以说，微商就是分享型经济的体现。微商借助微信这个平台，将自己的“分享”作为一种载体，实现了轻松赚钱的梦想。微商所依傍的是一条完整的经济链条，加之分享过程的简单易行，相信微商的路会越走越远，越走越宽。

传统行业试水微商亦不难

微商分为两类：一是以个人为单位的 C2C 微商，二是以企业或商家为主的 B2C 微商。除了微信这样大型的社交平台，口袋通、微盟旺铺、京东微店等也表现出极大的杀伤力。有人认为传统企业妄图在这个繁杂的经济圈中分到一杯羹是相当困难的，但是这种过观点恰恰错了。

1. 传统商家玩转新媒体工具

微博、微信以及 App 是任何商家和个人都不能无视的新媒体工具，它们已经成为商家获利的重要通路。要想成为成功的微商，既要明确这三者之间的区别，又要对其进行综合利用。

通过微博我们可以获取更多的粉丝，提高关注度，然后向微信导流；微信将导流来的粉丝和自己拓展的用户一起做成客户关系管理，提供统一管理与服务；App 则可以通过手机或其他移动设备实现数据打通，进行数据监测。借此，传统商家就可以试水微商，并开拓自己的商业新天地。

2. “O2O+C2B”混合模式完美结合

在移动互联网时代，传统企业要想进军电商产业，O2O 是必须要面对的问题。但是谈及传统企业的微商发展，仅单纯探讨 O2O 是不现实的。传统行业要想实现微商转型，必须要采取辅助手段，即“O2O+C2B”的混合互动模式。

O2O 专注线上线下，这就可以将企业开展的营销活动引流到代理商的微店、网店；而 C2B 则可以利用微信平台，为这种以社交关系为基础的营销模式汇集更多的粉丝用户。这种模式融合 O2O 与 C2B 的优势，能帮助传统行业实现企业转型。

微商未来的两个既定方向

微商必死是无稽之谈。腾讯正在为微信公众平台的规范化、合理化进行不懈的努力，微商的发展之路也会越来越平坦。在我看来，微商未来的发展有两个既定的方向，如图 3-7 所示。

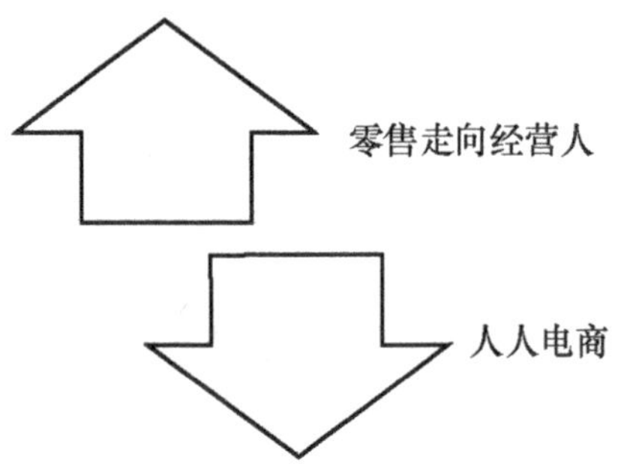

图 3-7　微商发展的两个既定方向

1. 零售走向经营人

微商的营销目前处于零售阶段，但是未来将会进入经营人时代。在微商发展的规范化、专业化过程中，营销策略也会由过去的以商品和渠道为中心转为以粉丝用户为中心，这样整个营销过程就显得更有人情味，在平台去中心化的同时也实现了品牌中心化。这一方向向我们展示了一个崭新的营销时代。

2. 人人电商

所谓“人人电商”就是说人人都可以开店。微商既是买方又是卖方，通过微信将商家和用户变成好友，在个体与个体的相互交流中不仅可以实现盈利，还可以获得更多的微信好友。微商所经营的是熟人圈子的生意，社交因素比较明显，通过熟人推荐以及分享购物心得的方式，在弱化平台搜索购物习惯的同时也更好地扩展了“人人电商”的理念。

“零售走向经营人”和“人人电商”都强调要以“人”为中心，不管哪条道路走得更远，两者都已然展示出微商发展的广阔前景。

鉴于微商主要的发展形式是朋友圈营销，有人担心腾讯的整顿会加速微商的衰退。我认为这种担心是不必要的。接触微商的人越来越多，必定会有人制定行业规范，将之打造为健康、规范的市场。

就目前来看，朋友圈营销只是微商发展的一个过渡性营销手段，随着微商市场的规范化发展，会出现更多的专业营销模式，而微商的发展也会回归到产品和服务这两个商业发展的最原始层面。所以，微商的发展不会是日渐黄昏，我们将会迎来微商 2.0 时代！

创客经济：“人人创客”时代，微商创业背后的经济价值

淘宝用了 11 年，拥有的卖家也只不过 1000 万个左右；而微商只用了 2 年，微信朋友圈拥有的卖家就超过了 2000 万个。除此之外，我们从腾讯为口袋购物投资 1.5 亿美元，微盟、有赞获得千万美元投资这些事例中，就可以看到微商发展的美好前景。

据数据统计显示，仅手机移动微店卖家，在微店、有赞、V 店这些网站上的卖家数量就已达到 2000 多万家，同时，使用微信的用户已经有 10 亿多人，开通微信支付的人数大约占其中的 1/5。这些数据也揭示了微商疯狂生长的

原因。

传统电商开的实体店具有一定的局限性，它的影响只能覆盖到周边，而且成本较大；淘宝、天猫这种 B2C 平台，受限于传统电商所固有的流量和价格战的困扰，也正逐渐走入死胡同；如果将店商和电商都比作在高速公路上飞驰的高级轿车，那么微商就是后来居上的跑车；但是，不管是店商、电商还是微商，三者谁都不能取代谁，于是，造成了现在“三足鼎立”的局面。图 3-8 所示为微商发展的四大拐点。

微商发展的四大拐点

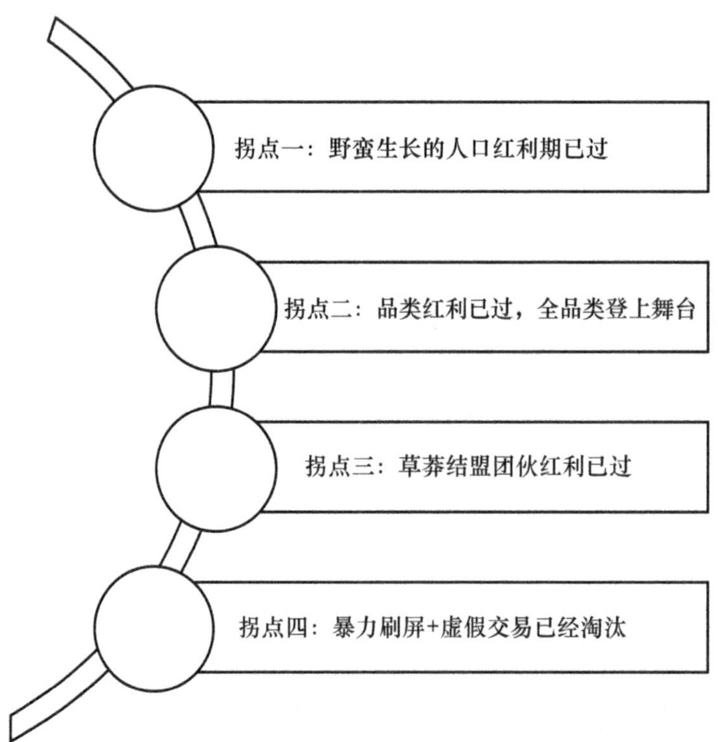

图 3-8　微商发展的四大拐点

1. 拐点一：野蛮生长的人口红利期已过

2014 年，微商进入了野蛮生长的阶段，微商团队大多采用层层代理的模式，即总代将拿到的第一款产品转给一级代理，一级代理转给二级代理，二级代理转给三级代理……这样一级一级转卖出去，所以不管你卖什么，只要你能找到下一级代理，你就能从中赚取利润。

在微信快速发展的这段时间，具有创业和赚钱想法的人都想从中分得一杯羹，于是很多人加入其中，从事微商。在做微商的过程中，一些底层代理商开始慢慢地意识到自己并不是微商，而成为了“最后买单的人”，商品卖不出去，而产品面临过期问题，最后只能自己使用。这种现象给很多代理商带来了严重打击，并促使其离开这个生态圈，业绩开始严重下滑。

从本质上讲，这一阶段微商就是因为抓住了人口红利期，才赚取了丰厚的利润，可惜现在人口红利期已过。

2. 拐点二：品类红利已过，全品类登上舞台

经业内数据统计，整个 2014 年，微信朋友圈光售卖面膜就获取了 200 多亿元的利润。例如，思埠集团一开始只是一个仅有几个员工的小作坊，自从进入微商之后，它仅用了 2 年的时间借壳幸美股份在新三板挂牌上市，成就了面膜界的传奇，因而，很多人认为微商之前的代名词就是面膜微商。

然而，在微商野蛮生长的阶段，有不少黑心商人拿着“三无”产品混进微商队伍中欺骗顾客，顾客上当受骗的案例屡见不鲜，导致央视开始曝光和打压面膜微商，使得微商们变得人心惶惶。

在今后的一段时间，品类供应将不再局限于单一的品类，而会形成比较全面的多品类供应，多数会涉及保健品、电子产品等。由此可见，品类的红利期已经成为过去，微商只有用心做事，以产品为中心，满足顾客对产品的高质量、多品类需求，才能赢得市场。这给许多中小品牌的微商营造了一个绝佳的机会。只有这样，微商才足以撑起店商、电商、微商三足鼎立的局面。

3. 拐点三：草莽结盟团伙红利已过

人口红利和品类红利在微商时代都已过时，交钱拿货这种单纯的利益捆绑和层层代理模式，在当下日益成熟的微商时代已经不能存活下去，变革成为必然。随着更多人认识到微商的这种层层代理的本质，底层代理就不愿再做替死鬼，那么，上层代理的业绩必然下滑，是自己承受后果，还是指望利益团体拯救自己？

2015 年，很多微商团队出现了严重的业绩下滑现象，原因即如上所述。对于那些具有高质量产品但面临业绩下滑的团队，我给出以下建议：创建并拥抱平台、重组并优化结构、加强动销培训、选择优质产品。微商团队要想在微商这条道路上越走越远，就必须加强专业整合营销能力和团队管理能力。

4. 拐点四：暴力刷屏＋虚假交易已经淘汰

内容是产品或品牌营销的基础。内容经营包括文字的、视觉的、活动的、线下的，用户通过互联网获取产品内容，那么，什么样的内容会对用户具有吸引力？我们可以把自己当成用户进行换位思考，答案就显而易见了——自然是有趣的、有价值的、有料的内容，只有这样的内容才会带给用户一种良好的阅读体验。

内容是营销最为关键的部分，只有把内容做好，产品的营销才会做好；而营销又是以创造影响力为目的，有了广泛而深远的影响力，才能创造巨额利润。所以，内容要凸显个人品牌的独特之处，做到独一无二、出类拔萃，影响力自然就会形成。在产品多样化的年代，只有拥有专属于自己的个性品牌，别人才会对你过目不忘，铭记于心。

微商趋势变革：人人创客

“人人创客”是基于人的关系，依托微商平台，开创了一条新的微商之路。

“人人创客”以个人为中心、以信任为纽带，通过移动互联网，将利益共享。这一过程中人与人的关系是基础，每个参与者都是创业者，同时也是消费者，像这种人人参与而形成的群组织，大家可以彼此分享的经济生态，是未来微商的必经之路，如图 3-9 所示。

人人创客的微商模式				
以“去中心化平台”为基础图片来源：众筹网	以“个人创客”为中心	以“靠谱产品”为核心	以“体验王道”为关键	以“创客社群生态”为聚合

图 3-9　人人创客的微商模式

1. 以“去中心化平台”为基础

“去中心化平台”解决了微商的三大痛点。

★货物不会出现囤积的现象，解决了货物储存的问题；

★通过微信支付，解决了消费者与经营者之间的交易问题，并维护了消费者的权益；

★解决了产品从经销商到消费者的销路问题。

在“人人创客”的模式运营中，每个人既是创业者也是消费者，以社交媒体为载体，对产品进行推广，然后获得佣金，这一整个过程形成了完整的电商购物链条。在“人人创客”的情况下，只有不断地学习并积累与营销、推广、团队管理等相关的知识，并积极接受培训，才能获取更多的佣金。微商会在数据化管理下变得越来越专业，越来越正规。

2. 以“个人创客”为中心

这里所说的创客是指那些通过自己的知识、能力、人脉资源和人格魅力来做微商的人，他们能够认清微商的本质，并不以赚钱为唯一目的，所以不会出现“层层代理、底层代理买单”这种现象。比如，某人在某个领域有一技之长或者对某一方面很有见地，同时具备创业精神，能够对身边的人或者一批粉丝产生影响，进而影响他们的消费决策。

3. 以“靠谱产品”为核心

微商并不是任何产品都可以做的，只有那些与人的生活密切相关的、可以产生附加值和溢价的产品才适合做微商。产品选择在“人人创客”模式的运营中起着至关重要的作用，在选择产品的时候，并不能只单纯地选择那些具有丰厚毛利的，以及人们经常使用的快消品、高频消费的产品，而是要更加注重产品与人的密切关系，要让消费者对产品品牌产生信任，从而产生品牌溢价。

4. 以“体验王道”为关键

从本质上来讲，微商卖的不是产品，而是个人品牌，也可以说是通过用户反馈，进而改进产品的过程。这就意味着，用户购买产品只是一个开始，通过观察用户对产品的使用情况并与用户进行沟通交流，以及及时总结用户对产品的反馈，这些都是微商必做的后续事情。像这种社交化微商，为用户带去的是个性化、服务化的体验式产品。

所谓创客，就是要有一定的创业精神和服务意识。在“人人创客”的时代，不仅创业者是创客，用户也是创客，用户通过自身对产品的亲身体验，将产品进一步优化，从而提升未来用户的产品体验。只要你拥有足够广的人际关系、足够好的口碑、足够强的创客影响力，那么，其他的事情就水到渠成了。

5. 以“创客社群生态”为聚合

“社群”与“社群生态”是截然不同的两个概念，社群只是一个群体，而社群生态代表的才是商业。然而，创客社群不仅仅是粉丝和兴趣相投者的一个聚集，它的背后还隐藏着一种商业生态。根据兴趣爱好、品牌粉丝、知识分享、企业内部协同效率等，可划分为四种社群。

“创客社群生态”的最终目的，是让社群里的每个具有相同价值认可的人，可以获得更全面、丰富的信息，每个人在社区里都可以积极参与讨论，在利益驱动的情况下，让每个创客在社群中都能找到一种归属感。所以说，只有具备价值认可、人人参与、知识补充、利益驱动、归属感这五大特点，人人创客、社群生态才能长久地发展下去。

微商创客的代表：黑马创客

2014 年，微商爆发式增长，据统计，这一年中国的微商店铺数量达到了 1000 万家，其中，仅以经营面膜为主的微商店铺就占到 80%。但是，随着面膜微商的普及，假货也开始层出不穷，很多昧着良心的面膜微商通过卖假货赚取丰厚利润，被用户唾弃，导致现在的“微信卖面膜”创业行为已经无法开展。但是，很多企业还是对微信的前景抱有积极乐观的态度，目前许多正规保健品、食品企业已经开始涉足微商。

2014年，百岁坊生物科技开发有限公司就高调向微商发起进攻，它是一家集玛咖科研、生产、种植、销售为一体的全产业链整合企业，在上线的第一个月就获得了1300万元投资，成为黑马创客。

当面膜党在微商领域每况愈下时，黑马创客为何能够一马当先，一举赢得创业者和消费者的青睐?

众所周知，无论是在实体店经营，还是在淘宝上开店，创业者首先要投入成本、进货，即使是之前风靡一时的“面膜党”也同样面临着囤货压力，所以，成本问题成为了很多创业者的绊脚石。

黑马创客正是意识到了这一问题的严重性，所以，从一开始便将解决库存问题放在了首要位置，极具创新地提出了“0门槛 +0库存”的想法，为了杜绝货物囤积所带来的滞销风险，它实行总部统一管理货物的方案，代理不需要进货囤货，这一办法成功实现了零风险创业。

因此，“0门槛 +0库存”这一商业模式为广大创业者带来了福音，并且除了零门槛、零库存，还可以做到零风险。除此之外，创业者对黑马创客特有的分享模式也很感兴趣。

在运营模式上，黑马创客还创新性地运用了“一只大黑马带四只小黑马”的营销策略。客户在从黑马创客平台购买产品的同时，会拥有系统自动推荐的免费体验产品的机会，一共有4个名额，也就是说你可以把4个朋友的详细地址输入系统中，然后总部根据你所提供的地址，把4份小包装黑玛咖分别寄出，这样你的朋友就可以享受免费体验产品的机会，这其中的产品费用、物流费用都由总部承担，黑马创客就是凭借这种免费分享的营销理念在微商界一举成名的。

除了这种分享理念，黑马创客在营销体系和产品质量上做得也很成功。

黑马创客采用限制的营销体制，带给分销商更大化的差价收益；在选择产品时，为了保证产品质量，选用研城百岁坊海拔 3500 米、北纬 27° 出产的黑玛咖。

众所周知，消费者线下体验差是 020 在推广中受挫的主要原因。黑马创客经过总结百岁坊多年来的连锁经验，再加上 300 多家线下体验店，为消费者提供免费试用、随时提货、及时退换货服务，切实做到了“线上 + 线下”的闭环服务。由此可见，黑马创客的零创业风险和其本身所特有的分享模式，将在微商创业界掀起一股新的浪潮。

读书笔记

第4章

跨境微商：全球互联网浪潮下，微商的下一个爆发点

跨境电商时代，“跨境+微商”引领微商2.0模式的新突破

微商的火爆不仅让众多的国内品牌商纷纷进入微商行列，同时也吸引了跨境电商的目光，微商中的微信分销渠道让跨境电商们垂涎欲滴。当然，跨境电商对微商的关注对微商来说也是一件好事，推动了微信服务商积极试水跨境电商。

那么，跨境电商与微商在碰撞中会迸发出怎样的火花呢？下面对跨境与微商结合的七个案例（图 4-1）进行解读，并从其各自不同的玩法中找到其创新和特色。

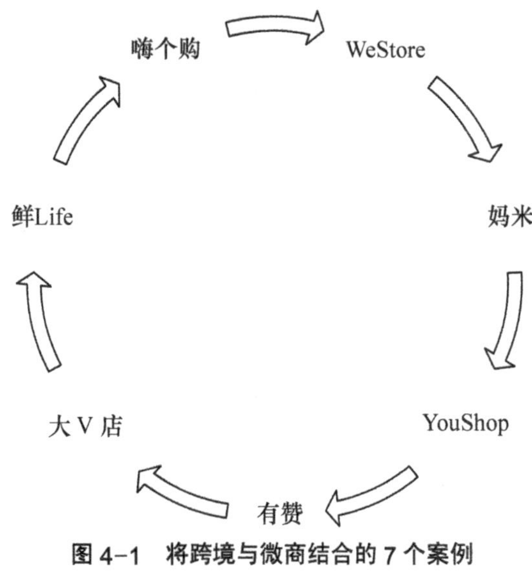

图 4-1 将跨境与微商结合的 7 个案例

将微商做到海外

2015 年 5 月，兰亭集势上线了一款可以应用于全球的 C2C 移动电商平台——WeStore，让用户可以通过便捷以及免费的方式在平台上创建自己的移动在线商店，并利用社交网络来销售商品。用户可以拍下将要销售的商品，并通过平台将链接分享到社交网站上，比如 Facebook 和 WhatsApp 等。

兰亭集势董事长兼 CEO 郭去疾提到，兰亭集势之所以推出 WeStore，就是希望能将每一个用户都变成潜在的移动零售商，并在全球成立众多的小型移动在线商店，让每一个用户都可以通过社交网络向目标消费群推销自己的商品。

而社交网络的去中心化趋势，也让兰亭集势看到一个新的契机。未来在新契机下，WeStore 如果抓住机遇实现颠覆性的创新，那么就将能在移动电商领域拥有更多的话语权。

发挥妈妈的力量重塑生态体系

专业进口母婴特卖商城蜜芽在 2015 年 6 月开启了妈米的微商项目，利用独立的 App 和微信版开展业务。妈米的注册用户已经突破了 10 万人，将妈米定位为“妈妈分销平台”，用户可以分享蜜芽上的所有商品，当分享的链接被消费者点击并完成交易之后，用户就可以从中赚取相应的佣金，佣金可以随时查看和提现。

对于高标准和严要求的母婴产品来说，更适用于口碑传播，通过口口相传将品牌的名号打出去，而且妈妈们都有比较强烈的分享意愿，只要是用起来比较好的商品都愿意与其他宝妈分享，这对于蜜芽进军微商来说是一个巨大的优势。

妈米分销平台的创建进一步完善了蜜芽宝贝的生态系统，利用自身跨境供应链方面成本上的优势以及品类丰富的母婴产品，妈米分销平台可以获得更快的成长，同时也有利于推动蜜芽的社交电商属性实现进一步升级。

国际版微店与海淘代购齐发力

口袋购物为了能够顺利进入跨境电商领域，推出了国际版的微店以及海外代购 App。2014 年 4 月，口袋购物旗下的微店发布了可以应用于北美、欧洲以及东南亚等地区的 YouShop，为海外的用户提供了一种在手机上开店的工具。

YouShop 的产品逻辑以及运作方式类似于国内版本的微店，用户只要使用手机号就可以免费开店，并上传商品的照片，将其分享到 Twitter、Line、Facebook 等社交平台上，消费者只要点开相关链接就可以查看和购买商品。

2014 年 10 月，口袋购物在海淘业务的基础上上线了“代购现场”，这也属于其旗下微店延伸出来的一项业务。代购现场的运作模式为：海外的卖家在平台上发布海外商品信息，而国内的买家则通过这一应用下单，并由卖家将商品直邮到国内。

在微店上有很多卖家都是海外华人，他们主要从事海外代购业务，而口袋购物为其专门开发了客户端，这足以见得其对海淘市场的重视，同时客户端的创建也让海外华人可以享受到更精准的细分流量，进而开展精准营销。

以“货”与“钱”的服务为切入口实现跨境

为商家提供微信商城搭建服务的平台有赞也开始低调进入了跨境电商领域，只不过其经营方式与经营思路与口袋购物有明显的区别。

事实上，从 2014 年开始，有赞就已经开始有意识地试水跨境电商，主要是致力于为“货”和“钱”的流通两方面的问题提供相应的服务。比如，在跨境电商的购买页面上添加用户姓名以及身份证号码，从而便于商家更从容地应对海关检查。在“钱的流通”方面，有赞开始尝试引入一些海外的供应商，并帮助其解决外币转换的问题。

2014 年 6 月底，有赞与“海外通”平台达成战略合作协议，海外通成为有赞在进口物流服务方面的合作伙伴。此外，有赞微商城也开始涉猎跨境电商，如宁波保税区旗下的“跨境购”。

B2C模式的微商更钟情于海外产品

2014 年 12 月，俞敏洪和中国 PE 行业投资人盛希泰创立的“洪泰基金”共同投资了“大 V 店”项目。这一项目在诞生之初就被打上了跨境电商的烙印。

大 V 店提供的商品主要包括家居、童装、玩具、奶粉、洗护用品等，海外产品在其中占大多数，这些商品主要来自于美素、智高、乐高、爱他美、牛栏等国外品牌。

对于在电商经营过程中不可忽视的物流问题，大 V 店自建仓储物流，并与第三方物流服务商开展合作，共同解决商品的仓储以及运送问题。中远国际、广州和宁波的保税仓、跨境易等都是其重要的物流服务合作商。因此对于一些在国内比较稀缺的资源，大 V 店会直接通过海外供应商采购。

用游戏的方式鼓励用户卖零食

跨境进口食品电商鲜 Life 于 2014 年 11 月正式上线，主要经营休闲、保健以及母婴食品等，并推出精选品限时特卖的销售模式。在与跨境电商进行碰撞的过程中，鲜 Life 推出了移动端的买手店。

鲜 Life 商城的用户同时担当产品消费者和分销商的角色。用户可以在平台上开店，并将鲜 Life 商城的商品在朋友圈进行分享和推荐；如果能促成交易，用户就可以从中赚取一定的佣金。

鲜 Life 通过一种比较休闲娱乐的方式鼓励用户成为自己的分销商，用户可以在鲜 Life 商城里根据自己的兴趣爱好选取商品，然后自己设定售卖的价格，在产生订单之后，后续的付款以及物流配送等都由鲜 Life 来负责。

让用户的“颜值”变成“价值”

在海淘中，口碑传播在其中发挥了重要的作用，因此，粉丝经济以及“达人”就变成了一种重要的营销渠道，众多的达人们开始将朋友圈视为重要的宣传场所，这意味着微商开始融入了海淘领域。

2015 年 7 月，海淘 App“嗨个购”推出了新的版本，并增加了“大明星”功能，让用户可以运用一种新的社交电商模式进行海淘。事实上，这可以说是微商的一种模式和战略，利用达人在用户中的影响力，将他们的“颜值”变成“价值”，通过对品牌的代言和宣传，让消费者更容易信任产品或品牌。

其具体的运作模式是：达人们将自己亲身试用过的产品，专门写一份使用报告，并上传照片到朋友圈等社交网站，如果其分享的链接能够产生订单，那么就可以获得一定的报酬。

跨境微商的三大商业模式：M2C模式+B2C模式+C2C模式

2014 年，进口跨境电商迎来了快速发展期，短短一年时间里，跨境进口电商产业链的规模就已经涵盖了传统零售商、物流服务商、供应链分销商、电商巨头、初创业公司等。接下来，我将从宏观环境、商业模式两方面对跨境电商进行深入的分析。

宏观背景解读

1. 政策红利窗口期

2014 年，国家出台了相关政策推进跨境电商的进一步发展，2014 年 7 月，海关总署接连出台 56 号文件与 57 号文件，首先对跨境电商从经营模式上给予充分的肯定，并且对跨境电商进行了细节上面的规定，对跨境电商流行的“保税模式”也予以认可，这对跨境电商朝着科学规范的方向发展具有重要的里程碑意义。

上海、重庆、杭州、宁波、郑州、苏州、广州等城市先后获批作为跨境电商试点城市，并且在这些地区经营跨境电商的企业享有政策及税收上的优惠，而且经由跨境电商购买的海外货物只需要缴纳行邮税，和传统的进口贸易需要缴纳关税、增值税、消费税等有较大的区别。

2015 年 4 月底国务院召开的常务会议决定在 2015 年 6 月底前开展降低进口关税试点；增设和恢复口岸进境免税店，合理扩大免税品种；在促消费方面，会议还提出要进行税制改革等相关政策。这些有利政策将会推动跨境电商的进一步发展，为国内的跨境电商企业提供有利的成长环境。

2. 用户需求潜力巨大

★交易规模增长迅猛

国家海关总署与中国电商研究中心公布的数据表明：2014 年的海淘用户总人数已经达到 1800 万人，成交总额达到 1400 亿元，已经成为一个千亿元级别的市场，到 2018 年有望突破万亿元级别大关。

★消费需求和消费观念升级

目前中国的中产阶级电商用户大约在 5 亿左右，消费结构亟须升级，而食品安全、优质多元、性价比高成了年轻一代网购群体的关注点。

★海外商品认知提升

海归及旅游者的购物习惯影响了其周围人群的消费行为，使大众对海外品牌的认可度进一步提升。

3. 行业有待完善

★政策探索

政策方面，国家不可能长期保持对跨境电商的保税政策。如果长期保持将会打破其与传统贸易之间的平衡，会产生极其恶劣的影响，试点城市的政府政策也会随着跨境电商的发展而进一步改变。对海外商品的检疫标准、保税的商品种类、海关的清关流程、外汇的管理等未来都将成为跨境电商发展的关注点。

★物流清关报税体系不成熟，售后体验难保证

传统跨境物流运送成本较高，而且效率低下，消费者购买的商品可能要半年之后才能送到消费者手中。清关报税目前的关口资源配置上存在缺口，这些问题成为了阻碍物流效率提高的主要因素。由于是跨境交易，海淘商品的售后问题是一个痛点，不过当前海淘群体多为年轻一代，他们对于这种新生事物有着较高的包容度。一些企业奔着以用户为中心的理念致力于解决用户体验中的问题，如刚入门的笨鸟海淘、布局已久的顺丰等。

★供应链不稳定

海外的爆品品牌占据海淘商品较大的比例，而且这些品牌商的货源供给

也存在较大的问题，国内的跨境网购平台为了保持销量还常常采用复合渠道供货，成本较高，多数平台近乎是不盈利运营。当前跨境电商的冗长的供应链体系较为复杂，尤其是各国之间政策与文化上的差异，造成了当前跨境电商供应链的困境。

★资本驱动，多方加入竞争的同时又共创价值

从 2014 年 10 月份开始，多方企业开始入局。

- 以京东、网易为代表的巨头开始将跨境电商提升至企业的战略高度；
- 初创企业抓紧融资步伐，例如，发展较为迅速的蜜芽、洋码头，后来者小红书等都已经获得了 C 轮千万美元级别的融资。
- 海外的电商企业也不甘落后，亚马逊上线海外购物板块，想要借助自身国际化物流优势在中国开辟新市场。
- 物流的供应链服务商不断进行供应链服务改革，优化服务流程，争取打造一个安全合理的供应链服务体系。

在庞大的市场诱惑之下，各方形成多方位竞争，但毕竟跨境电商尚属新兴产业，各家的共同努力与协同进步将会推动跨境电商的全面发展。

跨境电商模式详解

下面就当前存在的主要跨境进口电商商业模式进行分析，如图 4-2 所示。

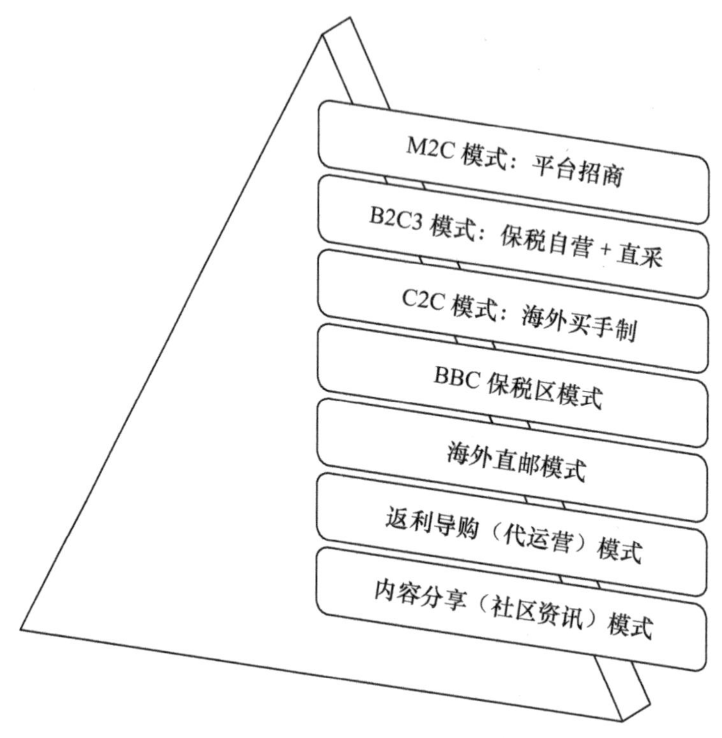

图 4-2 跨境电商的七大模式

1. M2C 模式：平台招商

★典型代表就是阿里旗下的天猫国际，其作为一个开放的平台引入了大量的国际品牌入驻。

其优点在于名牌的影响力大，消费者对其信赖程度比较高，这些品牌商家需要提供海外零售资质与授权，能够保证海外商品直邮，并将提供本地的售后服务。

其缺点在于这些入驻的商家大部分为代运营公司，商品价格较高，而且品牌端不易管理，该模式当前正处于不断优化阶段。

2. B2C 模式：保税自营 + 直采

★典型代表有聚美、京东、蜜芽。

其优点在于平台参与货源选购、物流仓储、买卖等环节，交易流程清晰简洁，通常这种模式的商家还会利用“直邮 + 闪购特卖”等模式来提高 SKU 丰富度（同类产品的可选择性），降低自身的供应链所面临的压力。

其缺点在于商品种类受到限制，当前这种模式的商品的种类主要是爆品和标品（规格化的标类产品）。一些地区的商检海关对产品种类有特殊的规定，如广州就不能进入保健品与化妆品。除了商品种类受限以外，资金也是一个较大的难题。B2C 模式的跨境电商要面临上游供应链、物流清关效率、仓储物流建设、营销推广活动等资金耗费量大的问题。

另外，这种模式经营的产品利润比较低，还要面对众多的竞争者，能够有充足的资金源源不断地投入其中就显得尤为重要。资金、用户流量、团队建设使 B2C 模式不再适合一些初创企业。

此模式的产品中有一个典型的代表——母婴产品，此种产品是跨境电商中较为火爆的品类，而且是需求频次较高的刚需产品，一些消费者刚开始接触海淘就是购买的此类别的商品。经营母婴跨境电商的商家往往希望能够简化供应链，形成品牌口碑，得到用户的信赖，然后借用这种口碑效应拓展其他种类的产品。

由于母婴产品的特殊性，国内的消费者目前只选择几种爆品品牌，而且消费者多为“80 后”“90 后”的女性，她们接受过良好的教育，对于产品的质量要求比较高。但一些爆品的品牌，如日本的花王，对跨境电商的热情不高，国内的平台无法和其达成签约供货。所以，当前的商家只能被迫选择用复合供应链（国外经销商、国外的电商扫货、国内的进口商、买手等）来保证供货。

这种供应链的供货极不稳定，而且成本较高、无利润空间，目前，一些平台想通过“烧钱”来积累用户流量而大打价格战。目前的电商巨头们大多在依靠母婴产品积累用户流量，实力不足的初创企业大多选择另辟蹊径，寻求多元化的发展，从而形成差异化的竞争。

3. C2C 模式：海外买手制

★典型代表有全球购、淘世界、洋码头、海蜜等。

它们选择入驻平台开店模式，经营的产品品类多以需求度不高的非标品为主，但是根据长尾理论，这类商品只要存储和流通量达到一定的规模，其市场份额将会和市场上那些数量不多的热卖品所占据的市场份额相匹敌甚至更大。目前，全球购合并了一淘以后已经成为该模式下最大的商家。

其优点在于 C2C 模式改变的是供应链和产品的经营范围，电子商务发展至今，其本质始终没有脱离商业零售与消费者认知的范畴。从工业时代到信息时代，商业零售变得以用户为中心、生产商多元化，个性需求和情感满足成为商品竞争力的核心要素。

在移动互联网时代，社群经济兴起，同种社群的人在消费行为与消费需求上存在较大的相似性，人们之间的相互影响在社会化媒体中被无线放大，“80 后”“90 后”这一代人的用户流量碎片化正是由于这些人的价值观与消费行为所造成的，个性化与定制化成为一种趋势，由此催生了电商移动场景化。

在商品多元化的今天，如何提高资源配置，以便让消费者能直接选择到其所需要的商品，成了电商企业商业变现的重点所在。C2C 达人模式能够在消费者社群中传递品牌文化与价值观，从最根本上改变消费者的消费行为与消费心理，尤其是“80 后”“90 后”这一代人更加注重情感的满足，平台中的一些达人可以利用自己的超强影响力成功改变一些品牌的地位，从而影响消费者。

相较之下，B2C 模式更加强调产品及服务的规范化与标准化，PC 时代的商家需要获得大规模的用户流量。但是移动电商可以借助社交化、场景化的特点经由 C2C 模式的运营平台，利用非标产品满足用户的个性化与定制化需求。

此模式的缺点在于平台要依赖广告与返点盈利的模式来获得利润的增长、服务体验性较差，而且个人代购还存在着法律方面的风险，商业变现水平较低，获取用户流量以提高商业变现水平、形成品牌效应，将会成为此模式发展的关键要素。

4. BBC 保税区模式

跨境供应链服务商通过保税采取邮出模式提供货源，而跨境电商平台负责提供消费者订单，而且一般由跨境供应链服务商向用户直接发货，另外，这些供应链服务商还会提供一些融资服务。这种模式的优点在于产业链结构简单，平台承担的风险较小。但是这种模式本质上和一般的贸易行为并没有太大的差别，潜在价值较低。

5. 海外直邮模式

★典型的代表就是亚马逊。

这种模式的优点在于 SKU 丰富度极高而且全球的供应链物流体系发达。其缺点在于跨境电商的最终之战的焦点在境内的转化销售上，把控本土用户的消费需求是真正的关键所在，亚马逊的本土销售能力到底如何，还有待时间的验证。

6. 返利导购（代运营）模式

此模式的一种类型为技术型，典型的代表有海猫季、Hai360、么么嗖等。它们主要为技术开发型平台，自行开发系统连接国外的电商网站的商品，并将商品相关信息自动翻译为中文，帮助国内用户完成下单，最初的跨境电商平台就是采用的这种模式。另外一种就是国内的网站代运营，即与国外电商签约合作成为其中文官网的代理。

这种模式有着门槛低、利于用户搜索、海量的 SKU 等优点。但是其缺点同样比较突出：从中长期看并无核心竞争力，而且库存、单价等信息的实时更新成为难点，一些公司选择了转型，比如蜜淘最初就是靠此模式出身。

7. 内容分享（社区资讯）模式

★典型的代表有小红书。

这种模式主要适用于靠用户产生内容的 UGC 模式、移动社交网络分享等引导消费者的社区电商。其优势在于可以依靠天然的海外品牌，用户流量比较容易转化为交易。其缺点在于供应链能力还需要进一步加强。.

跨境微商主要玩家对比：谁将是跨境微商领域的最后赢家

跨境电商的“玩家群像”（图4–3）

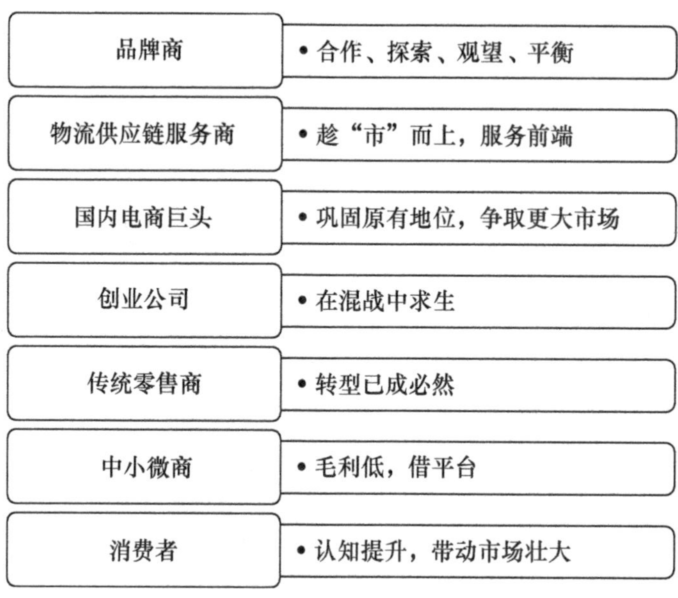

图 4–3 跨境电商的“玩家群像”

1. 品牌商：合作、探索、观望、平衡

中国经济的快速发展令国外的一些一线品牌企业在当前国际经济局面较冷的境况下看到了一线希望，它们在探索着究竟该如何在中国这个庞大的市场中抢下一块蛋糕。

一些较为特殊的品牌商，如日本的花王，对跨境电商的热情不高，它们普遍存在着担忧跨境电商会破坏其品牌口碑的想法；而一些实力稍弱的品牌商则更倾向于合作，希望借助中国市场打开局面。另外，当前国内缺少合资公司与零售体系，使这些品牌商的合作可以更加的灵活多样。

2. 物流供应链服务商：趁“市”而上，服务前端

这一类往往是多年经营跨境交易的企业，它们在跨境贸易、分销、物流以及供应链服务上有着足够的经验积累，借着行业发展的势头积极地开拓进取，带动了跨境电商整体服务体系的进一步发展。

顺丰、韵达借助自身的物流优势开发境外市场，2015 年 5 月 18 日，阿里旗下的 1688.com 全球货源平台正式开始上线。

3. 国内电商巨头：巩固原有地位，争取更大市场

从 2014 年开始，国内的电商巨头就陆续布局跨境电商，它们在巩固国内庞大用户数量的同时积极备战海外跨境电商业务。天猫国际、京东海外购物、1 号店、蘑菇街、唯品会等各大电商都开始布局海外电商市场。

用户流量、资金、供应链以及海外的战略推广能力成为跨境电商初期发展的核心要素，在这些要素上电商巨头们也面临着一些困境，尤其是国内的电商对于国外的产业链了解较少，运营跨境电商业务的团队成员在专业性上有一定的缺陷，无法将庞大的用户规模价值体现出来。

供应链问题则是困扰绝大多数跨境电商企业的首要难题，根据这几家电

商巨头公布的数据来看，各家巨头跨境电商发展得并不是很好，而且随着国内电商竞争的激烈程度进一步加剧，各家还要顾及原有业务的发展，最为重要的是跨境电商的人才培养需要较长的周期。这些条件为跨境电商初创企业提供了有利的条件。万亿元级别的跨境电商市场绝对可以容纳这些初创跨境电商企业的发展。

4. 创业公司：在混战中求生

有着雄厚资金支持的巨头们加入跨境电商领域后价格战提前打响，一些初创企业还在黑暗中慢慢摸索，资金方面的支持与供应链的完善对初创企业来说都是不小的难题，为数众多的初创企业在艰难的环境中倒了下来，幸运存活下来的初创企业中，有一些得益于绝佳的战略布局，另一些则是获得了充足的资金支持。

5. 传统零售商：转型已成必然

随着电商的快速发展，传统零售业被不断蚕食，2015 年 4 月发布的《2014 年中国电子商务市场数据监测报告》表明：2014 年全年电商交易额为 13.4 万亿元，相比 2013 年增长了 31.4%。而网络零售市场交易规模为 2.82 万亿元，相比 2013 年上涨将近 50%。

相关数据也显示：截止到 2015 年 4 月 9 日，29 家上市公司在 A 股零售板块的营收数据有 16 家出现下跌，利润也大幅度减少。在残酷的发展环境下，传统零售商中有一些企业也在尝试发展跨境电商，准备向 020 方向转型。

6. 中小微商：毛利低，借平台

买手、朋友圈代购是中小微商的常见模式，一些人靠着这一模式也获得了不小的收益，但是随着有实力的企业的加入，中小微商的生存空间被压缩得越来越小。一些商家纷纷开始加入有实力的跨境电商平台，希望借助平台的影响力来获取更大的发展。

7. 消费者：认知提升，带动市场壮大

由艾瑞咨询发布的《中国跨境网络购物研究报告》显示，2014 年网购用户中进行过跨境网购的仅有 15.3%，这其中还有很大的市场可以开发。跨境网购的消费者人群主要由两部分构成，其一是“80 后”“90 后”的女性，主要购买的产品为母婴产品；其二是海归人士及在海外有过旅行购物经验的人，他们不仅为自己购买所需的物品，还会为亲朋好友购置质优价廉的海外品牌。

说起海淘，当下并没有一个可以让消费者信赖的购物平台，跨境购物的性质决定了要满足消费者的需求，产品必须优质、多样、低价、物流快，哪家企业可以做好这一点，就将会获得大批消费者的信赖。

进口跨境电商很可能会掀起国内电商企业的最后一轮大规模洗牌，将会重新定义国内的电商格局，一些能够在这次洗牌中存活下来的初创企业也会走上行业的顶端。随着资金雄厚的巨头的加入，价格战开始打响，一些中小企业的出路在于进行差异化竞争的转型之路，能够持有核心竞争力的初创企业将会获得长足的发展。

各方企业的加入，会对行业的供应链进行整合，有利于实现国内消费的升级，使零售行业的规模与产业链获得进一步发展。而经由各家企业的共同竞争所形成的跨境电商格局将会构建一个完善的国内跨境电商购物体系——“世界商城”体系。至于谁能够获得最后的胜利，将取决于企业所形成的价值网能否经得住各方利益集团的层层考验。

谁会是赢家

国内的进口跨境电商局势尚不明朗，没有形成一个得到消费者普遍认可的领头羊，因此各方目前都有机会，初期一些资金雄厚的企业可能会占得先机，但是消费者最终认可的还是品牌、供应链以及用户体验。如今的 B2C 对于初创企业来说可能已经没有多大的机会，但是其他模式，比如 C2C 值得初创企业去奋力拼搏。

初创企业想要在这个领域中生存下来，需要做好以下几点。

★海外货源供给上要有足够的实力；

★市场定位准确，国内能得到足够规模的用户流量，真正迎合消费者的刚需，另外，必须能够保障产品质量与售后服务；

★运营团队中应该有跨境电商领域的人才，海外运营、供应链管理以及清关能力将成为成功的关键要素；

★尽量处理好与当地政府之间的关系；

★对整个行业的发展趋势及企业的战略定位要有清醒的认识；

★融资能力是初创企业能够获得进一步发展的重要依托，创始人要尽量争取获得足够的融资。

总之，初创企业的竞争重点在于供应链、用户流量、商业变现、人才的配置等方面，做到这几点的企业将会乘风破浪，走在跨境电商时代的前沿。

海淘微商攻略：“微商+海淘”模式必须要解决的四大问题

随着微商在朋友圈简单粗暴地刷屏，更多的人认识到了这一行业的饱和，开始转向海淘市场。

2015 年 3 月 31 日，国家外汇管理局公布《2014 年中国国际收支报告》，报告显示，2014 年我国的海淘市场迅猛发展，我国居民全年海淘支出超过 15 亿美元。尤其是在 11 月、12 月的西方节日期间，商家推出打折优惠活动，更是吸引了大批的消费者，仅这两个月消费者的跨境支出已超过 2 亿美元。

根据中国电子商务研究中心公布的数据，2014 年中国大陆的“海淘族”规模已高达 1800 万人，居民跨境消费支出高达 2136 亿元。预计到 2018 年，中国的“海淘族”规模将达到 3560 万人，跨境消费支出将高达 1 万亿元。而随着 2015 年全面开放二胎政策，中国将会迎来新的生育高峰，进而带动中国母婴市场的繁荣，移动电商必将试水“海淘”业。

众多微商看到“海淘”市场显露出来的商机，纷纷跻身“海淘”业，但是微商从事“海淘”，还需要处理好如图 4-4 所示的四大问题。

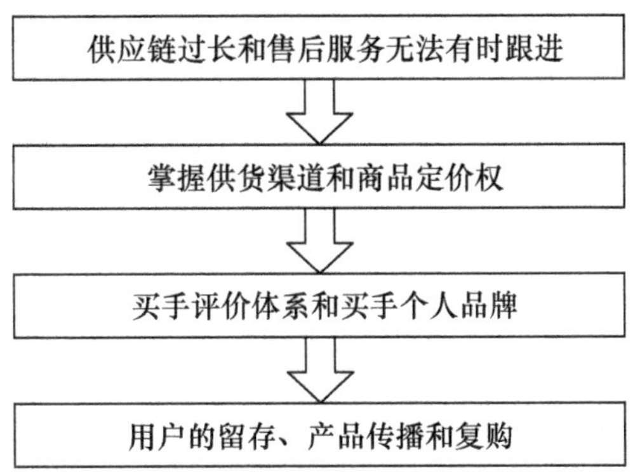

图 4-4 “微商 + 海淘”模式必须要解决的四大问题

供应链过长和售后服务无法及时跟进

目前，我国海淘市场的供应链主要有两条：一条是类似海外代购方式，由华人商家作为供货方，但这种方式规模较小，抵御风险的能力较差；另一条是与知名度较高的品牌商和渠道商直接合作，这种模式适合平台较大的电商，如天猫国际、亚马逊海外购等。

我国的“微商海淘”主要是以 B2C 模式为主，阿里巴巴成为了海淘市场的巨头，京东、苏宁易购、聚美优品、唯品会等也占据海淘行业的一席之地。而洋码头（图 4-5）、蜜桃、蜜芽宝贝等虽然也能分得一杯羹，与大电商相比却微乎其微。

图 4-5　洋码头

在未来，跨境物流必将集货运输的物流商、干线运输的物流商、“最后一公里”运输的物流商以及清关公司整合起来，形成一个国外采购、国内销售、跨界存储无缝对接的生态圈。

在这样一个生态圈里，可以实现将分散的货物集中起来，利用主干线、大批量、远距离的运输，提高运输效率；同时又能充分发挥公路、铁路、海运等运输方式的优势，进而实现长距离运输；而在“最后一公里”的问题上，又可以实现“门到门”送货，切实满足用户的需求。

海淘电商如果能构建生态圈，将集货运输、干线运输、“最后一公里”运输以及清关公司整合起来，必将占据海淘市场一大半的市场份额。但实际上，影响力较大的品牌商垄断了类似于奶粉这样的标准商品，不利于电商生态圈的构建，而非标类商品，如服装、鞋包等，有很大的市场潜力。

除此之外，很多电商在售后服务上还存在缺陷，无法让消费者满意。由于距离较远、技术还不完善等原因，消费者退换货所需的时间长、成本高，商家无法承诺无理由退换货、超时赔付、售后保质等。

掌握供货渠道和商品定价权

由于营销中制造商和零售商对产品的认知不同以及资源稀缺等原因，渠道间冲突成为营销中不可避免的问题。

供货商和平台的目标不一致，对于供货商来说，尽可能地扩大销售渠道，他们才可能获取更大的利润；而对于平台来说，掌握了产品的供货渠道，才能够拥有产品的定价权，从而根据市场情形自主定价，保障自己的利益。但实际上，平台还无法完全掌握供货渠道，与供货商之间也存在诸多矛盾，如在渠道设计、价格体系拟订、返利激励政策拟制等方面存在分歧。

平台与供货商关系的好坏决定了市场是否有序以及消费者的权益能否得到保障。平台与供货商建立友好的关系，能够保障市场有序竞争，产品价格合理，从而使消费者的权益得到保障。

然而，很多从事海淘的电商并没有建立自己的仓储基地，这意味着平台无法掌握供货渠道，也就不能自主定价，公司的盈利渠道仅依靠海外代购所带来的服务费，一旦现有的供货渠道被堵塞，平台将面临生存的挑战。

 买手评价体系和买手个人品牌

买手制最初兴起于超市，让一些有经验的人负责服装进货，进而延伸到服装、鞋帽、珠宝等领域，而用于海外购物的洋码头、海蜜等平台也引进了买手制。成立于 2009 年的洋码头将中国的消费者和美国的商家连接起来，中国的消费者可以买到质量可靠的产品，而美国的商家要经过严格的审核才能入驻洋码头。

海蜜的海外代购以“现场扫货直播”模式为主。与洋码头相同的是，海蜜对海外的商品买手也有严格的身份审核机制，如图 4-6 所示。

图 4-6 海蜜

在模式上，海蜜采取的是 C2C 模式，为买手和消费者提供一个沟通的平

台，类似淘宝和天猫。海外买手采购正牌商品，而消费者只需用手机扫码，便可选购商品。

随着海淘市场的繁荣，一大批专业的个人买手出现，为消费者采购时尚轻奢品。但是海淘市场的机制尚不完善，经常出现一些假冒伪劣产品，给平台带来了很大的负面影响。因此，众多平台为了挽回自身信誉，采取了一系列措施，如建立严格的买手身份审核及监管机制以及打造买手个人的品牌等。

当代购产品出现了假冒伪劣等问题，平台就会采取相应的措施，注销相应买手的账号。而微商也看到了海淘市场的商机，纷纷试水跨境电商。V 店建立严格的商品监测体系，以保障消费者的权益；口袋微店也推出了帮助买手销售商品的 App。

用户的留存、产品传播和复购

在海淘市场中，复购率最高的通常是利润高、易耗损、使用频率高的商品，如美妆、母婴产品等，而这样的产品也容易形成用户黏性和忠诚度。随着微商纷纷入驻海淘市场，抢占平台的用户资源，消费者有了更多可选择的渠道。

目前，由于海淘市场还不够成熟，无法完全满足消费者的需求，因此，没有任何一家平台可以掌握供货渠道，垄断用户流量。我国的跨境电子商务主要以 B2B 和 B2C 模式为主，还无法实现买手对消费者的 C2C 模式。消费者的需求也千差万别，分散在各大平台上。

在沉淀用户方面，跨境电商需要在宣传产品时，借助互联网等技术营造声势，扩大品牌的知名度和影响力。基于此，电商另辟蹊径，在微信朋友圈、微博、易信、陌陌等社交平台上推广、分销产品，抢占用户资源，抓住电商市场的机遇。

目前，我国的电商市场发展迅猛，但农村电商和跨境电商市场还存在大量的空白。2013 年，马云在韩国首尔大学演讲时曾说："机会就在有人抱怨的地方。当有人抱怨时，机遇也同时存在。"因此，商家应抓住机遇，直面挑战，抢占农村电商和跨境电商的市场资源，尤其是跨境电商市场。

枫滋味的新玩法：微商红海时代，海淘微商的定位及运营

微商作为一个新起之秀，由于缺乏有效的管理以及相关的法律规范，曾经一度成为广受诟病的行业。"疯狂刷屏""传销""假货"似乎成了微商摆脱不了的标签，微商也从最开始的火爆逐渐走向沉寂。事实上，如果从电商行业的角度上来看待微商的话，微商领域仍然存在很多机会。

随着经济全球化的深入发展以及国家在相关政策方面的放宽和支持，跨境交易逐渐成为一种趋势，再加上自贸区的流行，跨境电商作为电商领域的蓝海市场得到了越来越多的关注。

微商之路：从崛起到衰落

在微商行业，面膜等化妆品是比较普遍的商品，而且品牌繁多，有些甚至是很多人闻所未闻的。其中很多品牌没有正规的进货渠道，不仅产品质量得不到保证，而且一旦出现问题，也很难得到有效的解决，并且微商卖的商品价格普遍要比市面上高。不过也正是因为微商领域这些令人眼花缭乱的商品，才吸引了更多的人加入了微商行列。

微商中很多的商品是有销量的，这也就证明市场上存在这样的需求，只不过后来因为产品没有了销量，微商行业就出现了发展下一级代理的方式，并从中赚取商品的差价作为利润，而这种层层发展代理的方式也就造成了货物的囤积，最终使微商失去了其本质的意义，在利益的驱使下陷入了怪圈。微商的盈利结构就像是一个金字塔，让少数的人获得了收益，而大多数的代理都成了炮灰。

除了自身发展模式有问题之外，微信官方的管理和打压也是微商逐渐走向没落的重要原因。2015 年 2 月，微信发布《关于整顿非法分销模式行为的公告》，预示着微信开始正式向带有传销色彩的微商宣战。微信官方规定一旦发现用户在公众账号中利用微信关系链发展下线分销的行为，将对其予以永久封号处理。在随后的几个月时间里，相继有一大批人的账号被封，这足以看出微信官方对打击非法分销模式行为的决心和力度。

微信的一系列举动，让微商们在交易中更加小心谨慎。微信之所以出台如此严厉的打击手段，主要出于两方面的考虑：一是为了创建和维护干净、优良的微信社交生态；二是因为微商难监管，如果继续泛滥下去，就会影响微信的商业化布局。

微商从崛起到火爆，再到最后的衰落，其中必然存在自身的原因，但是由于微商竞争越来越激烈，生意也越来越难做，使得微商们开始将矛头直指微信。事实上，在微信走向商业化的过程中，微商仍然能从中发现生存机会。

微商的下一个机会：海淘

由于没有广阔的思维和缺乏对市场的深刻洞察，很多微商只是将目光聚焦在化妆品等商品上，在没有对电商行业形成整体认知的情况下，微商们在渴望成功面前很容易陷入传销误区。不过已经有部分电商巨头，看到了夹缝中生存的微商的未来——跨境电商，并开始了在海淘市场的广泛布局。

为了拉动国内消费，推动开放型经济的发展升级，国家出台了一系列利好政策，促进跨境电子商务的发展。跨境电商开始成为一个备受关注的领域。京东、天猫等电商巨头早已经将目光瞄准了这一领域，并最先开始了布局，除此之外，聚美优品等垂直类电商平台也在积极转型跨境电商，意图在跨境电商领域分一杯羹。

对于大多数陷入发展困境的微商来说，跨境电商无疑是一个帮助他们摆脱困境、实现转型的好契机。跨境电商与微商也有很多相似的地方，它在经营品类上最初也是主要集中在母婴产品和化妆品上，只不过在经过一年的探索之后，又增加了服装、食品、电子产品等十几种品类，其中食品种类增长最为迅速。

“小而美”的枫滋味

市场上有一条永恒的金科玉律：谁的洞察力更敏锐，谁就能迅速发现和抓住市场先机。而在微信平台上就存在这样的例子。

由于近些年来国内的食品安全事故频发，越来越多的消费者在饮食方面不再追求健康营养，而是更专注于安全。这种不正常的饮食理念让 3 位加籍华人傅林谦女士、秦刚先生和邹洪亮先生忧心忡忡，同时他们也看到了中国有机食品市场的商机，于是他们联手创立了枫滋味。枫滋味取自枫之国度——加拿大的风味之意，致力于为国人提供 100% 安全、健康、营养的食品。

如今枫滋味已经成为了加拿大进口食品第一品牌，枫滋味不仅成了优质食品品质的象征，同时也引领着健康时尚。而枫滋味的成功就在于其始终坚持“消费者第一”的理念，在产品品类、品牌定位以及营销方式方面形成了自己的独特魅力。

1. 品牌定位

枫滋味打造的是 21 世纪最健康的零食理念，“健康”是其引导消费的主要理念。枫滋味将绿色、健康、休闲、浪漫、时尚的北美食品带给国内的消费者，让他们足不出户就可以体验到高品质的顶级食品。

2. 产品品类

当其他品牌在极力寻求版图扩张的时候，枫滋味却在尽力做好“小而美”——产品的制作配方由北美权威营养师推荐，制作过程 100% 在加拿大完成，在产品品质上严格把关，绝不添加任何添加剂和色素，让消费者吃得放心，同时产品富含丰富的蛋白质、钙以及纤维等优质元素，对人体的健康产生积极的影响，也从根本上推翻了传统零食休闲、娱乐的产品定位。

3. 营销方式

有了时尚、浪漫的产品做基础，还需要用更加时尚的营销方式。枫滋味摒弃传统的销售模式，利用微信新媒体，将安全、健康的食品直接送至消费者家门口。枫滋味充分利用了社交媒体的作用，将休闲和时尚的食品与消费者实现了亲密对接。同时，枫滋味的微店还与粉丝进行亲密的互动，在增强粉丝对品牌的忠诚度的同时，也在供应商与用户之间建立了紧密的联系。

利用新媒体营销的销售渠道，相对于常规的销售方式来说，不仅省去了很多中间环节，同时也降低了广告营销成本，增强了营销的效果。

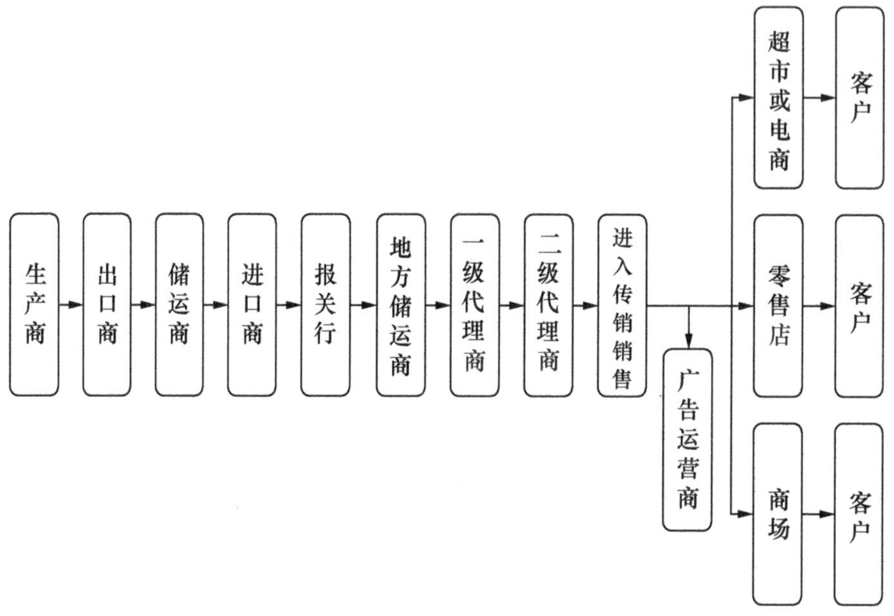

图 4-7　常规的销售环节

从图 4-7 就可以看出，常规的销售方式环节繁多，而且每一个环节都需要支出一定的成本，在经过了所有环节之后，商家的收益与成本已经基本持平，因此为了能获得高利润，商家不得不采取提高产品价格的手段，但是这样一来就会流失更多的客户。

此外，如此冗长的销售环节也要耗费比较多的时间，不仅会影响产品的品质，同时产品的包装也可能在多次的辗转中受到损伤，影响客户的购物体验。

而枫滋味利用微信新媒体打造的销售渠道，不仅简化了中间环节，同时还省去了高昂的成本，如图 4-8 所示。

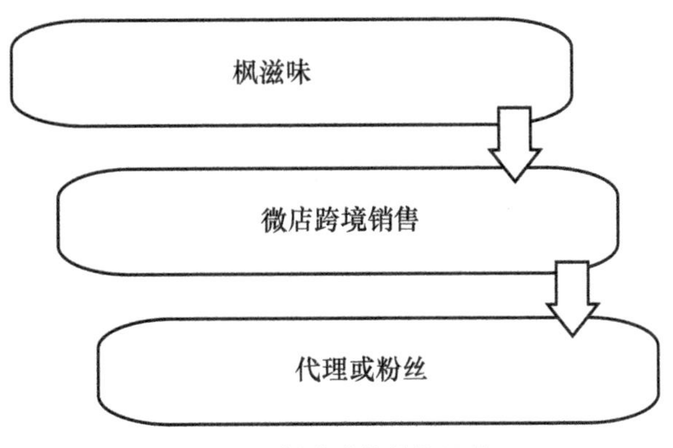

图 4-8 枫滋味的销售环节

枫滋味没有专门进行广告设计，而是依靠产品在微信粉丝中的口碑形成了自己的品牌影响力。而其微店直接与用户实现了对接和互动，减少了中间环节的损耗。

跨境电商与跨境微电商的主要区别就在于品牌定位、产品品类以及营销方式，跨境电商追求的是“大而全”，而跨境微电商专注在“小而美”上下工夫。

微电商始终追求产品品质以及细节的极致化体验，利用微信公众号，简化了冗长的销售环节，降低了广告营销成本。而建立在微信公众号基础上的微店更是被奉为移动互联网时代与消费者更亲密接触的销售渠道，枫滋味在销售过程中就充分利用了微店的便捷和高效，取得了良好的成绩。2014 年，腾讯提出了“连接一切”的战略计划，而从枫滋味的成功就可以看出腾讯已经实现了人与商业的国际化连接。

枫滋味的产品在国内市场上受到了广泛好评，同时也增加了用户对品牌的黏性，提高了客户的重复购买率。对于国内消费者来说，食品的安全性是国内食品行业的一大痛点，而枫滋味正是抓住了这一点，主打“健康”，再加上国家对跨境贸易的支持，以及微信提供的便捷、高效的电商平台，可以说，是时势造就了枫滋味。而枫滋味时尚的营销模式也应该成为微商们学习和借鉴的重点对象。

枫滋味的成功已经验证了跨境电商将是未来电商行业一个重要的发展趋势，这对于急于摆脱商业怪圈的微商来说是一次重要的机遇，既然枫滋味可以将加拿大的食品卖到中国，那么，微商是否也能将中国的产品卖到国外呢？这绝对是一个值得思考和探索的命题。

跨境食品电商+微商：鲜Life如何获得千万元级别天使投资

2014 年 11 月，跨境进口食品电商——鲜 Life 正式上线，经营的食品品类主要包括休闲类、保健类、母婴类等，采用“精选品限时特卖”的销售模式，利用网上渠道营销和产品口碑，以较低的价格把产品推广出去，从而获得了第一批用户。截至 2015 年 1 月，用户总数达 3 万人，复购率占到 25% 左右。

基于商城用户的微店模式

鲜 Life 正是通过移动电商和买手达人分享晒单的社交平台售卖进口食品，用户不仅可以通过电脑、手机上网下载其 App，如图 4-9 所示，进入店铺购买产品，二期鲜 Life 的首个 O2O 线下体验店在香港地区也已经运行。

鲜 Life 通过在网上开微店的模式，借助微信朋友圈推广产品。用户可以进入其虚拟店铺，选择自己喜欢的产品，同时，也可以通过转发将之分享到自己的朋友圈内，所以，用户既是产品的消费者也是鲜 Life 的分销商。

图片来源：鲜 Life App 截图

图 4-9　鲜 Life App

鲜 Life 希望通过一种轻松、快乐的方式，让用户参与购物的过程，像玩游戏一样，通过和其他玩家比拼积分和等级，赚取佣金。用户完全根据自己的喜好和体验，去鲜 Life 商城选取商品，并且可自己设定合适的价格，完成订单之后，后续流程都由鲜 Life 全权负责。

用户在鲜 Life 购物的整个过程大概可归结为 4 个步骤：逛、淘、买、享。用户在逛鲜 Life 商城或者买手街的时候，要先将浏览数据、产品信息收藏下来，然后根据自己的爱好需求淘取产品，选好之后再进行购买，最后把买得的产品加入自己的微店，或通过拍照晒图片的方式分享到朋友圈内。

精准匹配的食品电商

1. 鲜 Life 商业逻辑的两个前提

目前，鲜 Life 在国内之所以如此受欢迎，主要源于两方面原因：一是随着人们生活水平的不断提高，人们对生活质量的要求越来越高，对食品的安全问题也越来越重视；二是消费者希望获取更多的进口食品品类和更方便快捷的产品服务。

根据商务部的数据统计，从 2010 年以来，我国进口食品规模每年增长率十分可观，高达 21.2%，这充分显示了国内消费者对进口食品的强烈需求，其中位居前列的食品是进口奶粉和辅食。而现在国内电商拥有的进口食品品类稀缺，而且传统贸易模式周转时间过长，导致高品质的进口食品在最佳食用期内无法进入市场，使得用户对产品的质量不是很满意，而海淘代购也不能满足消费者对时效性的要求，产品在运输的过程中也难以保障安全，因而影响了用户对产品的体验。

电商 3.0 模式就是致力于进口商品的一种模式，它通过对进口食品进行精选，充分利用碎片化流量，引导消费者准确定位所需要购买的商品。对于做进口食品的 B2C 电商来说，巨大的选品差异、丰厚的利润率以及社交分享晒单所带来的流量红利是极具诱惑力的。

所以，鲜 Life 是把跨境进口与移动分销相结合的一种模式，前端自建 B2C 平台与移动分销渠道相辅相成，后端则通过集约采购和集约物流对供应链进行整合。

2. 鲜 Life 后端整合的两项措施

鲜 Life 后端整合的两项措施是：最短供应链和物流系统对接。

★最短供应链

为保证供应链的最短化，鲜 Life 已经与全球 500 多个品牌（包括休闲食品、营养品、母婴食品等）建立了合作关系。为了保证产品的质量和数量的稳定，以及最低价格，鲜 Life 与当地最大的代理商签约合作，保证产品由代理商直接供应。比如在我国香港地区，鲜 Life 与明治、悠哈、四洲集团等品牌商进行合作；在日本，与红丸商社建立对接；在欧洲，与德国、南欧的最大的几家食品贸易商合作；在美国，与三大婴童辅食出口商进行合作。

这种与供应商直接合作的方式，能省去很多商品转卖的环节，这不仅保证了商品的质量，而且使商品可以快速、低价地到达消费者的手中。

★物流系统对接

鲜 Life 为了对进口产品实施统一管理，提升运输效率，建立了完整的闭环管理链条。消费者在网上完成订单之后，自动生成的订单信息在海关核查备案的时候可作为单据。鲜 Life 将订单、运单、支付三单信息与海关系统实现了完整对接，是第一批实现与海关系统完整对接的跨境电商平台。

3. 鲜 Life 的选品策略

鲜 Life 在选购产品的时候，主要依据前端用户数据和买手的信息反馈，通过每周一次的对数据和信息的整合，确定哪些产品受到用户的青睐，以便下期采购产品时有所侧重，并确保现有产品的库存量与销售量处于一种平衡状态，避免出现滞销或者缺货的现象。

鲜 Life 有两条备货途径：海外仓备货和保税仓备货。

★海外仓备货

在这种模式下，用户在网上下单之后，海外仓会根据订单，在当天把产品打成包裹，然后交给顺丰，顺丰当天派飞机飞往国内，第二天一早抵达关境，进行清关。

★保税仓模式

相对于海外仓备货，保税仓模式更能做到快速清关、便捷配送。

在集约化物流的前提下，再加上全程与顺丰合作，所以，不管是海外仓模式还是保税仓模式，都能保证在 7 天之内，将商品送至消费者手中。

目前，鲜 Life 已经在我国跨境进口食品电商中居于首要位置，但也有很多平台已经涉猎进口食品，像 1 号店、淘宝、我买网等，进口食品在这些电商平台中也已经不足为奇了，其中淘宝电商更是把全球的各种商品汇集在一起，给消费者提供了充足的选择余地。

我们将鲜 Life 与 1 号店、我买网和淘宝进行对比后可以发现，鲜 Life 中有很多商品在 1 号店和我买网上并没有。如果从鲜 Life 中随机抽取商品，只有部分商品在淘宝上没有。在这种情形下，鲜 Life 不去和其他电商竞争它们已经做得很好的产品，而是把精力投入到自己做的产品中，通过个性化、高质量产品，赢得消费者的信赖与支持，从而打造爆款。

4. 鲜 Life 的推广措施

鲜 Life 在做产品推广方面，主要通过两种渠道——粉丝经济和社交媒体。比如与《爸爸去哪儿》《跑男》这种现在比较火热的节目组合作，定制产品联合推广或与滴滴打车、陌陌等具有大量用户的平台进行合作，对产品进行宣传。

 与传统零售平台进行联手

鲜 Life 推广产品的方式，与只进行网络推广的其他海淘电商的不同之处在于：通过免税这一概念，与传统零售平台联手合作。2015 年，鲜 Life 与好邻居便利店合作，合作形式分为两种——线上和线下。

★**线上合作**。鲜 Life 与拥有几万会员的好邻居官方微信对接，在微信的“会员福利”中有好邻居免费店，通过与鲜 Life 的后台直接对接，在一定程度上会起到提升用户流量的作用。

★**线下合作**。在北京市中心，有一些好邻居店与鲜 Life 进行合作，帮助鲜 Life 推销进口产品。

好邻居官方微信上的免税店，对鲜 Life 商品做出精选，然后把这些精选后的商品的二维码摆在货架上，消费者通过扫描二维码就可进入免税店，购买自己喜爱的免税零食，消费者在网上完成订单之后，鲜 Life 就会根据订单上的地址和货物，在 3 天后将商品送至消费者手中。

个人从境外邮寄来的物品会被征收行邮税，如果没有超过 50 元，海关税便可以免征。我们知道，食品类的行邮税率为 10%，也就是说，需要寄进境的食品价值如果在 500 元以下，就不会征收行邮税。鲜 Life 想以此为切入点，打造为消费者服务的免税店。

一般情况下，当消费者想快速得到某个东西时，通常会选择在便利店购买，一手付钱，一手交货，这种交易方式能够满足消费者对商品的即时性需求。

鲜 Life 免税店的推出能起到推销产品的作用，但这对便利店中的产品销售不一定会产生影响。

线下体验营销

2015 年 4 月，在杭州市中心的绿城中心，我国开启了第一家鲜 Life020 体验旗舰店。店内的格局是：店铺的中心为收银台和试吃吧台，周边摆放着各种商品，每个商品的边上有相对应的卡片，顾客在购买商品时，只需要拿着相应的卡片去收银台付钱就好。一般在付钱之后的 24 小时内，顾客就可以收到商品。

在杭州，鲜 Life 已经建好保税仓，此外，它还将与现代艺术博物馆（MOMA）、碧桂园、远洋天地合作，在不久以后，将会向北京市场进攻。

鲜 Life 除了在大陆地区做 020 体验店，还将在我国香港地区和台湾地区，甚至是国外，如日本东京，开设免税店。

如今的电商，假冒、伪劣商品太多，这给消费者留下了极其糟糕的印象。尤其是消费者在购买海外产品时，他们更需要得到保质保量的产品，这类消费人群一般十分看重生活质量，产品价格太低，反而会让他们怀疑产品的质量。所以，价格只要在他们的承受范围之内，他们就想力求得到质量好的正品。

第5章

微商运营策略：微商 2.0 模式下，构建全方位的运营体系

 微商2.0模式三大战略：产品选择+用户经营+服务体验

2014 年，“微商”这个名词风靡全国，这一年可以说是迄今为止微商发展提速最快的一年，而微商作为一个新兴的行业也开始逐渐渗透进人们的生活。在移动互联网浪潮的推动下，微商以风卷残云之势席卷了整个商业圈，给传统的电商企业和传统企业以沉重打击。

2015 年，央视春晚的微信摇一摇红包活动更是掀起了全民参与的狂潮，同时也彻底掀开了“移动互联网 +”的序幕。2015 年作为微商元年，微商将迎来一个新的发展，而在这诱人的市场前景面前，微商领域将展开更为激烈的争夺战，既有品牌之间的竞争，也有微商群体之间的竞争。在竞争形势日益严峻的市场环境中，微商从业者应该怎样做微商，才能立于不败之地?

2015 年，马云在湖畔大学的开学典礼上提到：对于一个企业来讲，首先应该具备“使命、愿景、价值观”，企业的战略、组织以及人才应该建立在这些首要的基础之上，企业所开展的 KPI 管理也是为“使命、愿景、价值观”三者的实现保驾护航的。

作为微商从业者，要想做好微商，首先应该认真思考以下几个问题。

★将个体当成企业来看，思考为什么要做微商，希望实现的愿景是什么？

★在做微商的过程中，应该遵循什么样的价值观？

★在做微商中应该要完成什么样的使命，在移动互联网的大环境下需要实现的目标愿景是什么？

只有思考好以上几个问题，才能去思考做微商的战略以及战术。不管做任何事都应该有相应的战略来指导战术的执行，微商在未来的战略，主要可以从 3 个方面来分析：产品选择战略、用户经营战略、服务体系战略。

产品选择战略

在微商领域，应该经营什么样的产品，什么样的产品才容易获得消费者的青睐，这其中也有一定的门道，如图 5-1 所示。

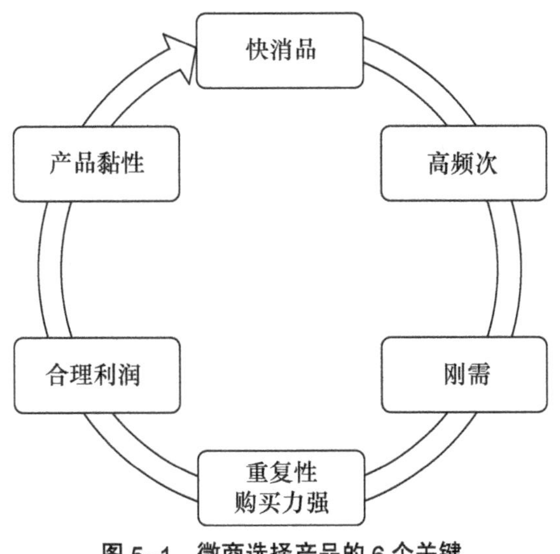

图 5-1　微商选择产品的 6 个关键

1. 快消品

所谓快消品，就是指使用寿命比较短、消费速度比较快的产品。快消品因其价格以及品类属性方面的特征，使得消费者在这些产品面前更容易做出消费决策，而且快消品一般都是与人们的生活密切相关的产品，在人们生活中的渗透更深。

2. 高频次

高频次产品是指在人们生活中出现频率比较高的产品，如滴滴打车，在App 领域中算是出现频次比较高的产品了，因此，微商经营的产品最好是人们在生活中经常使用的，因为只有这种高频次的东西才更容易获得消费者的青睐。

3. 刚需

刚需产品也就是人们生活中必备的产品，如有关衣食住行的产品都属于刚需，除了满足人们日常基本生活需求的产品之外，消费者同样也需要能够满足他们心理需求的产品，比如满足他们社交需求的社交工具、满足他们爱美心理的各种化妆品等，刚需的产品品牌在经营过程中获取用户也更容易些。

4. 重复性购买力强

从本质上来说，微商就是电商的一种形态，而从电商的发展来看，一个生命力比较强的电商品牌，往往具有较强的重复购买力，其品牌是靠优质的品质来为自己撑腰的，而用户在使用后也更容易对优质的产品产生依赖，从而产生重复购买，促进品牌的长远发展。这一道理在微商领域也同样适用。

5. 合理利润

如果你仔细看你的朋友圈就会发现，在 10 个做微商的朋友中有 7 个甚至是 8 个在做面膜，这足以见得面膜行业竞争的激烈程度。

做面膜代理一般分为总代理，一级代理、二级代理、三级代理、四级代理、五级分销，每一个层级都会扣除一定的利润点，因此层级越高获得的利润也就越高，最终获益最大的就是总代理，产品从总代理手中一直到五级分销手中，这其中存在的利差是非常大的，但是产品本身的含金量是多少，这是一个谜。

由于面膜市场的火爆，有很多不法商家趁机混进了市场，试图从中牟取暴利。因此，如果要做面膜微商的话，应该选择一种比较正规的进货渠道，选择有知名度以及有口碑的产品，利用优质的产品来打动消费者，而不是妄想依靠洗脑言论发展下级代理的方式来获取利润。

6. 产品黏性

只有做一个有黏性的产品，才能牢牢地抓住用户，实现品牌的长远发展，一个有黏性的产品应该有什么样的特点呢？如图 5-2 所示。

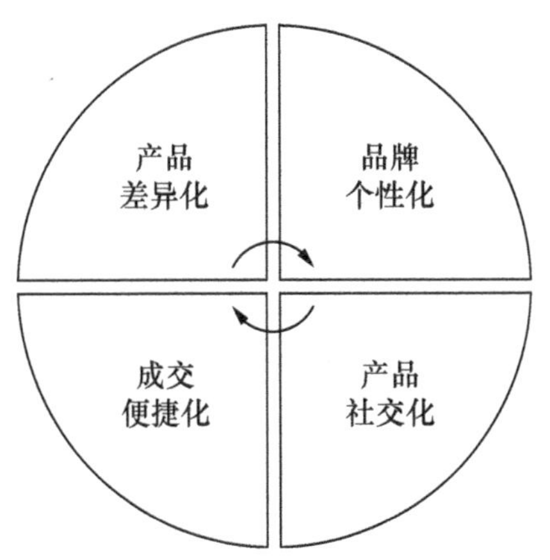

图 5-2　有黏性的产品应该具有的 4 个主要特点

产品差异化

在传统的定位营销中，差异化路线就多次被提及，而且这一条路线的运用也创造了很多成功的品牌，比如王老吉的定位就是解决人们“怕上火”的问题，同时以火锅店作为主要的推广渠道，在地震时其发起的一个亿捐款，更是将品牌的宣传推上了一个高点，不仅让更多的人了解到了这个品牌，同时也为品牌树立了一个良好的公益形象，让消费者更加放心地购买。

走差异化路线，事实上就是产品的创新，产品只有拥有自己的创新点，才能形成自己的差异化优势，并在竞争中抢占更多的先机。因此在选择产品的时候一定要选择与其他产品相比存在差异化亮点的产品，这样才更有利于抓住用户的需求痛点，从而刺激其消费。

品牌个性化

追求品牌的个性化就是指品牌要有自己的调性，要有自己所要传承的一种理念，如今互联网领域的竞争越来越激烈，只有形成自己的特色，才能抓住某些特定群体的眼光，并将其发展成为自己的粉丝。要做到一个让所有人都喜欢的品牌是非常难的，因此与其在追求面面俱到中执着，不如发展出自己的特色，用自己的特色化优势牢牢抓住一部分群体。

产品社交化

产品的社交化主要体现在两个方面：一是产品本身就有移动社交的元素，二是在社交场景中产品具有传播性。在优质产品的基础上对产品进行传播，就能更好地形成产品的口碑。因此消费者在选择产品的时候，更倾向于选择朋友口中所推荐的产品。

成交便捷化

这里的成交便捷化指的是在移动互联网的帮助下，消费者可以实现随时随地地购物，当然，这种便捷式的购物方式最关键的一环就是信任的建立。

在传统的电商中，第三方支付是消费者与商家建立信任关系的桥梁，比如支付宝的存在目的就是为了在陌生的商家与消费者之家建立相互信任的关系。而微商主要强调的是人与人之间关系的建立，通过彼此之间的互动和沟通，建立信任关系，并在信任的基础上达成交易。

用户经营战略

在有了好的产品做支持之后，下一步就是要挖掘用户，将他们发展成为自己的客户。

1. 有效的推广计划

一个优质的产品要想在市场上卖得好，离不开一个好的推广计划。一套完善的推广计划包括传播规划以及执行排期等一系列的步骤。

第一步就是要锁定目标用户群体，在对他们进行洞察分析的基础上，运用社会学、美学以及运营心理学等制定良好的宣传策略，抓住用户的关注点或者需求痛点，宣传产品的独特价值，引发用户群体在情感上的共鸣，并在这种情感的基础上继续加强宣传，以期与用户建立比较强的联系。

2. 信任代理

关系链是社交中最有价值的宝藏，而建立和维持关系链的基础就是信任，而且信任具有传递性的特点。一般而言，当你特别信任一个人的时候，对于他说的话你也会相信，社交领域的意见领袖也具有这种功能，能够对他人施加影响。因此说培养信任代理就显得尤为重要。通过定位与描述自己，积极与他们进行交往互动，通过日积月累慢慢将其发展成为信任代理，从而赢得他们的更多关注。

3. 体验互动

体验就是一种亲身经历，而互动就是相互沟通，是一种动态展现形式，在体验的基础上进行互动，而互动则能加强体验的效果。

在以前，用户体验差很少被当作一个大问题提出来，但是随着社交媒体的发展以及人们对体验要求的不断提升，体验差的声音一旦发出就会在社交网络中传播开来，从而为品牌带来消极的影响。这也就意味着在体验提升的基础上引发互动可以为品牌口碑的形成带来积极的作用，从而有利于用户的获取。

服务体系战略

首先应该要弄清楚服务的目的是什么，毫无疑问，服务就是为了能够为用户提供一种极致的服务体验，服务体验包括视觉、功能以及心理三方面的体验。

功能体验就是产品能否满足用户对产品本身的一种基本需求，心理体验就是产品能否让用户在社交化的环境中获得一种心理上的满足，而视觉体验就是产品的外表是否符合用户的审美。如果产品对于以上用户的体验，需求都能满足，那么这个产品的成功也就指日可待了。

有了良好的服务体验，产品就会在社交领域形成一定的口碑，而有口碑的产品会通过用户的社交网络向更广阔的范围传递品牌产品价值，并最终影响产品在消费者中的价值形成。

微商代理起步技巧：选择商品+选择上家+微信设置技巧

新手微商应做好以下几步，如图 5-3 所示。

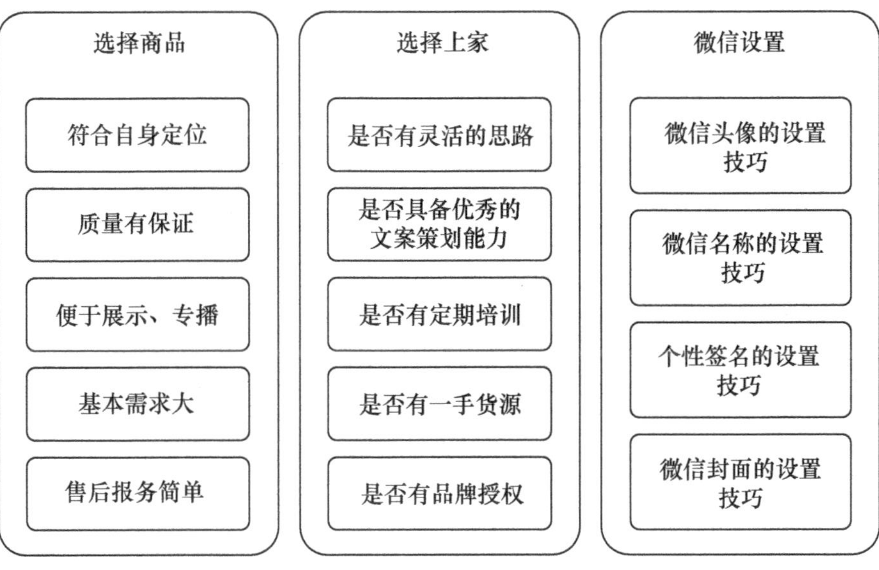

图 5-3　微商代理起步技巧

新手微商选择产品的方法

做微商一般是做产品的代理，因此，选择什么样的产品就变得非常重要。微商营销其实就是品牌的树立以及良好口碑的宣传，而产品的质量和功能则是进行品牌营销和口碑营销的保障。如果产品的质量有问题，即使后期的包装、宣传、服务再完美，微商也无法吸引更多的用户进行体验、购买。因此，产品的选择至关重要。

那么，微商在选择产品时，有哪些要求呢?

1. 符合自身定位

做微商首先要考虑的就是对产品的定位，因为微商做的是熟人的生意，在做生意之前需要调查朋友圈的好友是男士多还是女士多，通常情况下是选择数量上占优势的性别为主要销售对象；其次，还需要考察他们的职业，是学生还是上班族，家庭主妇还是职业女性等。这样，在对好友进行了一番分析调查之后，就可以有针对性地选择产品的类型进行销售了。

2. 质量有保证

微营销是在微信的基础上发展起来的，基于微信这种社交软件的独特性，微信用户所添加的好友几乎都是自己在现实中的朋友，基于朋友间的信任，微商也应该保证产品的质量过硬，让客户满意，并且在有了良好的合作之后，客户在一定程度上也会帮助微商进行宣传，从而吸引更多的用户来体验、购买，形成良性循环。

反之，如果一个产品的质量有瑕疵，微商用这种残次品骗取朋友圈的客户的信任，微商每次损失的不仅是一个客户，还是一个朋友。因此，信任对微商来说尤其重要，而它又体现在产品的质量上。如果微商想要获得持续性的发展，那么必须要选择质量有保证的产品。

3. 便于展示、传播

微信的内容发布有字数限制，针对这一特征，微商们必须选择那些容易展示、传播的产品，能让朋友圈的好友在短时间内了解产品，并牢牢记住。而如果在展示产品的过程中展示那些客户不感兴趣的因素，如产品的加工过程、运输方式等，只会招致客户的厌烦，同时也不利于客户的转发，进而限制了产品的传播。

4. 基本需求大

做微商，通常会选择一些使用较快的产品，比如在 10 ~ 30 天内需要再次购买的产品。面膜和护肤品是微商里最热销的产品。但也有一些人想另辟蹊径，卖一些稀少的产品，但这类产品由于使用期较长，一般不需要在短时间内再次购买，如家纺等。

5. 售后服务简单

这里的售后服务不同于我们平时所说的产品出售后的服务活动，而是指产品的使用要简单，用户不需要使用说明就可以使用，这样销售活动在出售后就结束了。例如，面膜购买后可以直接贴，食品买回去就可以吃，而不需要复杂的说明方法。因为如果使用方法太烦琐，势必会影响营销的做大。

选择了质量过硬的产品就走出了微商的第一步，经营同种产品的商家有很多，那么微商又该如何选择上家呢？

微商如何选择上家

现在，微商都是以代理产品的模式经营发展，微商上家的重要地位便因此显现出来，那么，一个值得信任的上家都具备哪些特点呢？

1. 是否有灵活的思路

一个好的上家会为你提供灵活的思路，设身处地地为你考虑，教给你应该如何根据当下的经济状况选择产品的类型以及数量。而一个不合格的上家，他只是想赚你的钱，告诉你做微商很简单，就是单纯地发广告、进货、囤货、卖货。选择一个值得信任的上家基本上等于成功了一半。

2. 是否具备优秀的文案策划能力

从朋友圈可以看出你的上家实力有多少。一个实力雄厚的上家，会在他的朋友圈里分享产品的信息、一些客户对产品的评价、使用经验，甚至是自己生活的点滴。虽然无法确定这些文案是否都是出于你的上家之手，但至少说明他是一个很用心的人。

相反，有的上家只是在朋友圈里发广告，介绍的都是产品的功能，毫无疑问，他一般是复制他的上家，并且他的这个微信号也是另建的一个小号，这样，你连他身份的真假都难以分辨。

3、是否有定期培训

对于微商新手来说，培训显得尤其重要，并且微商代理也是一门技术。随着时代的进步，产品也在不断更新，功能变得更强大、智能化，对于微商来说，也需要不断的学习，这样才能在被客户询问时很好地解答出来。一个负责任的上家，一定会重视对微商的培训，重视微商链的持久平稳发展。

4. 是否有一手货源

货源是微商代理能够顺利进行下去的前提。选择一个上家时，需要明确这是微商链的第几环，他对产品的功能了解多少，能不能持久地提供产品。做微商一定要注意千万不能因价格低而盲从。

5. 是否有品牌授权

首先，有品牌授权意味着你代理的产品是正品；其次，从品牌授权上也能看出你的上家的实力有多大。一般情况下，金牌授权给一级授权，一级授权又授权给二级授权，再授权给特约授权，但也有的授权等级会有三级授权或者没有金牌授权，这些要视具体情况而定。

一个负责任的上家对你的微商代理有着不可替代的作用，他会对你进行培训，尽职尽责地带你做微商；反之，如果你碰上一个只是想赚你钱的上家，那么你的微商之路一定不会走得很远。

产品和上家的选择是你成功做微商的前提和保障，所以必须引起重视。

微信设置技巧

产品和上家都选择好了之后，意味着你的微商之路已迈出了关键的一步，接下来就是要对客户进行营销了。利用微信朋友圈的平台进行微营销，首先要考虑的就是进行微信设置，这相当于一个实体店的装修。好的装修风格容易吸引客户的眼球，进而促进其购买产品。

接下来，我们就一起来看一下微信设置都有哪些技巧。

1. 微信头像的设置技巧

不论在哪个时代，都存在着以貌取人的现象，即使是在虚拟的网络空间，人们也会在第一时间找那些头像漂亮的人聊天。所以，微信头像的设置就显得尤为重要。那么，应该怎样设置微信头像呢？

★第一，头像最好与本行业相关。如果你卖奶茶，你可以用奶茶作为头像，这样客户就可以在第一时间知道你卖的是什么。

★第二，最好选择真人头像或者是本行业先锋人物做头像，这样可以拉近微商与客户之间的距离，增加微营销的真实感。

★第三，选头像时一定要谨慎，因为选好之后最好在很长一段时间甚至是长期不更改头像，以便让客户更好地记住。

2. 微信名称的设置技巧

微信名称的设置也是一门学问，名称通常要与所卖的产品相关，其道理与微信头像一样——方便客户了解你卖的产品是什么。除此之外，微信名称最好用简体字，而不要用繁体字、生僻字。

3. 个性签名的设置技巧

考虑到关于产品的信息无法出现在头像或者名称中，因此个性签名无疑是一个最好的选择——可以在个性签名里写一些产品的主要特点以及联系方式；但也要注意，在写产品的信息时，一定要简洁，便于客户浏览一遍就能记住，而不需要长时间停留。

4. 微信封面的设置技巧

很多微商都忽略了对封面的利用，其实完全可以把封面当作一块广告牌，将产品的宣传放置在封面上。

产品、上家以及微信设置是微商代理需要注意的三大点，但是最重要的还是心态。以一个积极的心态去做微商，并做好长期战斗的准备，是成功的必要条件。保持一个好的心态，即使是在失败的时候也能坦然面对。

微商运营体系：销售力+服务力+策划力+塑造力+培训力

微商运营体系包含五大能力，如图 5-4 所示。

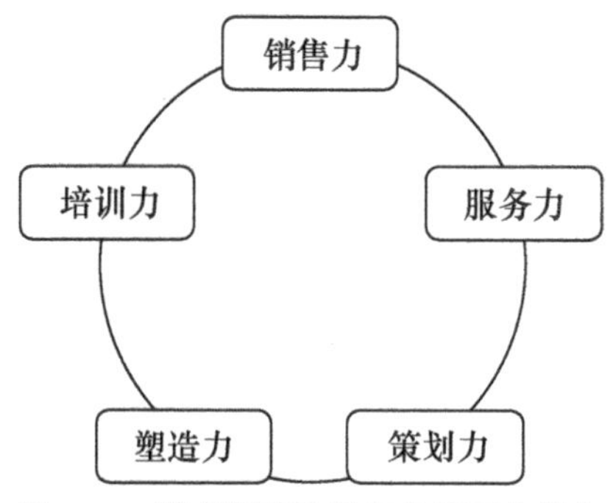

图 5-4　微商运营体系包含的五大能力

打造微商销售力

在打造一个新的微商品牌之前，我们应该熟谙消费者的心理，然后根据消费者的心理需求，设计一款可以让他们迅速认知的爆品。微商好商品应该秉持六大法则。

1. 质量好

产品质量不过关，营销策略再好也等于零，这是毋庸置疑的。

2. 性价比高

用户在面对一个新产品的时候，他们往往心存顾忌、疑虑。如果商家以顾客可以接受的价格，获得他们对产品的高度赞赏，那么，该产品的口碑自然会越来越好，顾客也会越来越多。

3. 层级少

为了使管理体系有条不紊，层级应尽量减少，而且，这样的话，微商群体也更能感受到荣誉感。

4. 刚性需求

微商要想受到消费者的欢迎，必须亲自调研，与他们进行沟通，这样才能了解消费者的刚性需求，而并非一味地去创新，追求新奇的产品。微商应做出符合消费者消费理念的产品，并让消费者感受到从中能够获取切实的利益，从而促使其自愿购买。

5. 复购率强

现在的年轻人可能喜欢比较精致、容量小的产品，不同的产品在不同的时间使用，或者在同一时间使用各种类型的产品，从而控制了消费者对同类产品的使用频率，以增加其复购率。

6. 具有吸引力

产品是否具有吸引力，直接影响到产品的传播效果。比如做得像杜蕾斯的男士面膜，如水的形状的补水套装，像冰山形状的深层清洁套装，再附有一本 Titanic（泰坦尼克号）的珍藏版，该产品就会让消费者爱不释手，用户就会把产品晒到自己的朋友圈内。所以，在产品生产的前期，要清楚消费者来源、消费者品味，让产品更具有吸引力、娱乐性和炫耀性，从而达到很好的传播效果。

打造微商服务力

对于微商，消费者更注重的是它的服务，而非产品本身，所以，在整个销售体系中，做好微商服务尤为重要。那么，如何使微商具备过硬的服务力？

★利用网盘将图片和产品信息统一起来。文字和图片就是微商的核心，如果连图片都不能清晰地展示在用户面前，又怎能说服用户来购买？所以，把产品图片与产品相结合，然后经过美化再上传到微盘，微商就可以通过登录微盘获取这些信息，从而打造品牌凝聚力。

★把所有的高清图片都上传到网盘后，一定要做水印美图，防止别人盗图。水印美图的核心不是展示产品，而是为了更好地巩固团队的凝聚力。

★内容要精华。很多从事微商的人都是零基础，他们对微商的了解并不多，而给他们安排一对一的老师是不可能的，所以，要培养一个微商总代讲师，让他们从朋友圈营销、内容开始逐渐对微商初学者进行教导，对发朋友圈的时间和数量进行规划，让他们发完后等待咨询下单即可。

★品牌手册。不论是招商政策、企业规划、微商周刊还是百问百答等，都需要建立品牌手册。传统企业在转型做微商的过程中，最大的一个缺点也是致命点，就是没有站在用户的角度上去思考问题，没有想过要让用户买你的东西，你应该做到哪些，怎样才能让用户心甘情愿地选择你的产品。在做系统的品牌运作时，所有的信息必须按照要求工具化、标准化，这样才能让人一目了然，便于复制，降低成本。比如百问百答，客户每天都有自己的安排，他们不可能随时都在线，也不可能对他们每天都给予教育，每个人都有各自的讲授方式和销售技巧。

打造微商策划力

微商在发展的过程中遇到的最大问题是什么？由于自身和团队没有经过系统的训练，所以在整体的策划和产品的推广方面相对薄弱。企业应该想办法成立品牌事业部，让他们先从个人和团队品牌方面对整体进行策划和营销，再利用大众眼中的明星、偶像或者行业名人，打造微商明星。

打造微商塑造力

通过成立社群运营部，建立并努力完善社群传播体系。比如微商大会，以 100 个核心粉丝为代表，做快速宣传活动，为优秀的微商代表提供免费参加的服务。通过核心粉丝转发链接，在众多人的转发推广后，很多微商就会了解到此次会议。这就形成了快速传播、粉丝扩散。

整个过程其实是经过系统性的规划的。从自媒体活动的策划，到自媒体人转发，再到粉丝传播，最终形成粉丝参与。粉丝在参与的过程中会享受特殊的福利待遇，例如，通过转发可以获得一份 PPT 或者一次免费的线上培训机会。从 3 次报名整合中筛选出微商群体模范。由于名额有限，所以，粉丝必须通过转发朋友圈才能参与进来，这无疑形成了一个标准门槛与链式的口碑营销。

打造微商培训力

微商就是通过培训事业部，建立起自己的课程培训体系，从而打造微商的培训力。其实很多传统企业也意识到要拥有自己的微商商学院，但是对什么时间应该做什么、讲什么内容才能对微商有很大的吸引力、怎样才能落地这些问题一直没有弄清楚。

微商商学院首先应该包括三大内容体系。

1. 设立课程研发中心

对微商运营的实用技巧和方法进行系统地总结和整理，从而形成一套有理论、有实战的运营工具。

2. 明星孵化基地

学会将你的代理体系输出，当微商加入之后，怎么让他们在 7 天内由入门到精通，一个月内由精通变为高手。当形成 100 个这样的微商群体之后，开始进行漏斗式的筛选，通过一些有话题性、有卖点的明星人物，与他们进行微商项目对接，让他们为品牌背书，成为品牌的代言人。

3. 对微商课程进行层级研发是打造微商培训力的核心

例如，一级、二级、三级分别用什么课程，并不是今天讲加粉，明天讲销售。三级培训课程是月销售 1 万元级的微商培训，主要包括关于成功心态、规则制度、产品知识、销售技巧、微营销知识等培训；二级培训是月销售 10 万元级的微商培训，主要包括领导力知识、团队管理、强化目标管理、个人品牌塑造等培训；一级培训是 100 万元级的微商培训，主要包括百万元微商训练营、微商讲师培训班、团队模式固化培训等。

微商并不是单枪匹马地作战，而是将微商品牌化。每天都是分散的内容，这样对微商是很不利的。而巨大的微商团体，使得个人品牌比企业品牌更具有魅力。所以，在梳理微商的时候，相对于企业微商品牌，打造个人微商品牌更加实际。从细致模式的改造到微商模式讲师化，从店员微商化到形成师徒模式导入，再进行模式复制，形成稳固的、便于管理的的层层体系。这种体系所带来的效果和业绩，要胜于你通过花流量做推广所带来的效果。

拯救你的公众号：突破七大运营痛点，打造微商运营闭环

2012 年开始发布的微信公众平台，经过几年的时间已经产生了几百万的公众账号，企业的微信运行已经进入到了关键时期。而在这个时期里，企业如何才能抓住机遇做好微信公众号，进而实现积聚用户、打造良好的口碑，是摆在企业管理团队面前的一个重要问题。

经过研究发现，能解决好如图 5-5 所示的 7 个问题的企业往往能够取得微信运营的成功，利用这个新兴平台将企业做大做强。

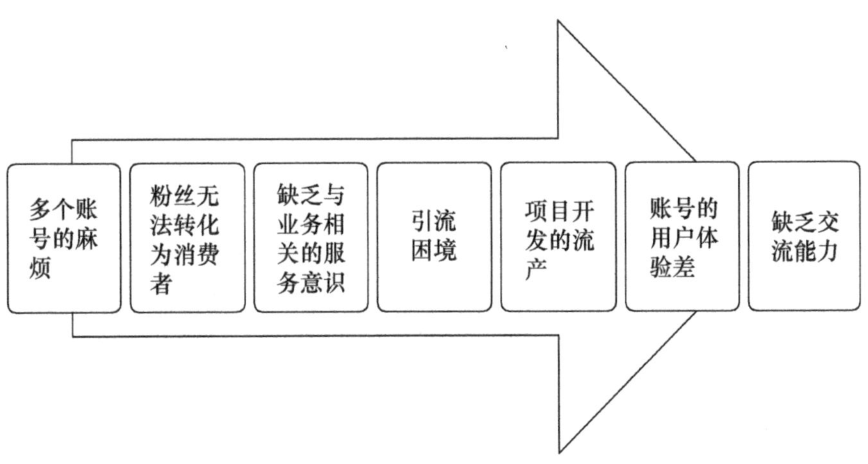

图 5-5　微信公众号的，七大运营痛点

问题一：多个账号的麻烦

在账号矩阵理论的影响下，一些企业开设了多个账号。但通过研究发现，多个账号往往适合拥有多种品牌、多条产品线的企业，而一个品牌或一条产品线开设多个账号往往达不到所期望的效果。

比如某企业开设了多个公众账号，有用于吸引和沉淀粉丝的 A 账号、有用于专门负责交易的 B 账号。但对消费者来说，想要购物需要从 A 账号再经过 B 账号，相对于其他直接能够通过一个账号实现购物功能的企业而言，开设多个账号无疑多了一个不必要的步骤，结果购买的人寥寥无几。还有些企业对合作伙伴与消费者分别开设一个账户号，结果也是竹篮打水一场空。

一些企业甚至还有更多的账号，比如分别针对新用户与老用户的不同账号，以及针对不同电商平台的多个服务号，但企业最后只能是疲于应付、得不偿失。

问题二：粉丝无法转化为消费者

新媒体概念的流行，引发了企业在微信做新媒体的热潮。这些企业通过公众号发布知识、传达资讯、传递一些优惠信息，并成功地得到了一批粉丝的追随，但是他们发现，在企业的产品上这些粉丝并不买账。

某女装品牌企业，运营企业公众账号的是一名专业性极强的服装设计师，公众号上发布的是一些服装的色彩搭配、流行元素等，拥有几万名粉丝，而且与粉丝的互动性也比较成功，但是设计出来的衣服无人问津。其实不仅是女装，一些字画、玉石、装饰等产品都面临着此类问题。

从人的心理来讲，这也很容易解释，因为认可你的见解与买你的东西两者之间并没有必然的联系。

问题三：缺乏与业务相关的服务意识

很多企业的公众号只是一味地推送内容，根本没有配套的引导粉丝消费的服务。连这些最基本的服务都不具备的企业公众号，还能谈什么个性化服务？更别说进一步的深化服务。

某个做母婴产品的企业，在通过账号开设店铺的情况下，有消费者通过微信号向其咨询产品信息时，竟然无人回复。消费者去问老板为什么不设人工客服以服务消费者，老板的回答是有人工客服。那既然设置了人工客服，为什么不做好考勤及监督？这样设置人工客服除了浪费资源还能有什么意义？

又如某个专门服务于淘宝卖家的服务商，公众账号只负责发送产品知识与优惠活动信息，不提供在线咨询。对于这种最易发挥微信价值的企业，这样做基本无法发挥账号的最大价值。

问题四：引流困境

微信运营要达到最终的目的必须要将消费者引向销售渠道。如果企业的销售渠道很单一，这还容易处理。如果有多个销售渠道，企业的公众号通过发布一条信息让消费者到多个销售平台去购买，反而很有问题。

某家做母婴产品的企业在一次促销活动中，让消费者通过线下门店、官网商城、拨打客服电话等方式来订购，甚至让消费者在公众号里留言订购。而一家女装品牌企业在一次促销活动中，则让消费者去秒杀商品网址、聚划算网址以及官方店铺活动网址下单。

一家中医馆在宣传养生知识的消息里，用了大量的篇幅去引导消费者通过线下医馆、淘宝、电话抢购等方式购买产品，最终收效甚微。

企业微信账号的引流问题，实质上反映了以下几个方面的问题。

★文字组织能力弱，表达不出想要表达的思想。

★没有进行科学合理的微信营销策划，只是单纯地展示销售渠道。

★企业的组织结构使微信运营人员束手束脚，一些策略得不到真正的实行。

问题五：项目开发的流产

微信公众平台还推出了一种特殊的模式，即开发者模式，企业可以针对自身需要做到有针对性的个性化开发。但是由于一些技术、资金等方面的问题，很多企业做出来的平台却无法真正应用。

某个高尔夫俱乐部，想在公众号上实现场地预定、缴纳会费等功能，花费了不少财力、人力、物力，这些功能却不能使用，该项目只能流产。某母婴企业，开发出了一个画面十分丑陋的店铺界面，消费者一看到这个界面很难会产生购买欲望，根本不会在此逗留片刻，更谈不上用户能有什么交互体验。

这些中途流产的开发项目不胜枚举，有的企业投入巨资，却达不到预期的功能。这对于一些想要在微信运营平台开发的第三方服务商来说，或许是一个巨大的商机。

问题六：账号的用户体验很差

用户体验是一个很大的领域，我们就先从最基本的谈起。

1. 最为基础的页面排版就做得很差。比如文字有不该出现的底纹，字体、字号不统一，颜色不协调、影响美观等。

2. 公众账号的设计要实现交互功能，对于某些企业来说是有一定难度的，以自定义菜单为例，菜单标签怎么设计，一级菜单怎么设计，二级菜单怎么设计，这些都有很大的学问。

3. 许多微信公众号设定了自动回复功能，其初衷可能是好的，但是这样做无法给消费者提供引导功能，不能实现与消费者的即时沟通。

企业要运营微信，需要运营者同时具有平面设计、产品运营、编辑策划、交互沟通、店铺经营等多方面的综合能力，最为重要的还是企业应该想清楚自己到底想在公众账号里做什么、期望得到什么。

问题七：缺乏交流能力

公众号最为基本的是要实现企业与消费者的沟通交流，但很多企业忽视了这一点，甚至与粉丝完全没有交流。

最为基本的交流手段是鼓励消费者留言评论，让用户能够及时向企业反馈，企业也应该及时予以回复，即便不能也要告知在一定时间内回复，而这些最为基本的手段大多数的企业都没能用好。

某汽车企业的公众号具有问答互动的功能，却把这个功能的展示区放在很不起眼的角落里；如果不刻意去寻找，很难发现这个功能，结果造成了用户参与度极低。

抛开操作层面的问题，更为重要的是，企业不具备直接与用户沟通的能力。以前企业没有与消费者直接沟通的通道，只能花费大量的资金去找广告公司、电视台等做广告，甚至是在淘宝等购物平台上直接购买流量，而如今微信为企业提供了这样一个可以与消费者实现真正沟通的功能，企业却不知道该怎么做。

企业的微信运营者应该扪心自问：自己是否真正有能力与消费者去沟通？微信公众号平台上所带来的收益是否值得自己去耗费人力、物力？当把这些问题考虑清楚后，企业想必能够做出点成绩来。

从个体经营到团队运营：如何组建一个优秀的微商团队

在 C2C 模式阶段，主要是个人通过微信平台进行营销，这通常会面临诸多难题，如进货渠道、发货路径、纠纷处理等。而进入 B2C 模式后，代理商可以依靠团队的力量来处理这些问题，并且一些有经验的管理团队也希望吸引更多的代理商加入。

那么，微商应该如何组建自己的团队？又该如何管理呢？

微商团队人员配置

从事微商行业的代理商们通常隶属于不同的行业，从事着不同的职业，他们不是专业的营销人才，不了解微信运营的规律以及微商的营销方法。代理商的主要工作就是，发挥自身的能动性，与更多的人进行交流沟通。

微信朋友圈经常会出现小广告、图片以及一些代理商的日常生活记录，这些也都是由微商团队统一管理、策划的。微商团队可以帮助代理商做他们不擅长的工作。如果微商发现了代理商中有能做策划案的人才，则可以将他们纳入自己的策划团队。

微商在组建自己的团队时，一般会找人代做产品的加工研发，甚至对于品牌的问题也无需考虑，这样就降低了组建团队的难度。对于一个毫无微信营销经验的人来说，成功的最大捷径就是借鉴他人的经验，而加入微商团队，无疑是最好的选择。

但大部分代理商都是在加入微商团队学到经验后，就退出团队，自己做微商。

最低微商团队人员配置

一个微商团队最少需要 3 名工作人员：文案、设计师、产品讲师。而产品讲师可根据微商的工作量承担部分客服的工作。在具体的运营中，可以根据工作需要，适当增加人员。

1. 文案人员工作

文案人员的工作主要是为产品的广告营销提供素材，平均每天 6 条，每周提供几篇软文，以便代理商可以发布在 QQ 空间、微博、微信、博客等社交平台，扩大产品的影响力。通过代理商四处投放广告，增强产品的知名度，吸引更多的消费者，甚至还能沉淀用户，形成用户黏性和忠诚度。

2. 设计师的基础工作

设计师的工作就是配合文案人员，每天提供一定的图片，供文案人员选择，以便为软文配图。一般情况下，一条文案最多配 9 张图。

3. 产品讲师 / 客服工作

产品讲师主要负责维系公众平台的维护，以及对毫无经验的代理商进行培训，如传授涨粉技巧、互动转化、沟通技巧等，并充当客服的角色，为消费者解疑答惑。此外，产品讲师还要将消费者反馈的问题，发布在微信公众平台上，以便更好地维系与消费者的关系。

朋友圈文案技巧

朋友圈的文案是微商营销成功的关键，一个好的文案会吸引消费者的注意力，引起他们的消费欲望。那些发展势头迅猛的微商，很大程度上依赖于优质的文案。

做好朋友圈文案有一个小技巧：品牌方会通过官方客服账户与所有的代理商建立好友关系，这样，其就可以在朋友圈内看到代理商在朋友圈内发的广告，从中选出一些优质的内容和图片，发到自己的朋友圈。而其他的代理商，尤其是没有文案策划经验的代理商就可转发这些内容，从而提高了工作效率。

而对那些有文案策划能力的代理商，微商往往会把他们纳入自己的团队，将其发展为核心成员。

微商管理团队需要注意的一个问题就是“蛋糕”的分配问题。利益的分配不均经常会引起团队内部的纷争，更严重的则会使团队四分五裂。因此，微商需要有一个共享的理念，与成员合理分配既得利益，满足团队成员的需求，最大限度地发挥他们的潜能。

微商的团队虽然是组建出来的，但真正被成员所认可的团队一定是磨合出来的。在经营管理中，微商应该根据代理商的反馈，不断地调整管理方针，完善交易体系以及信任机制，为代理商营造一个融洽的氛围。对于微商团队来说，人才是最重要的，只有以人为本的团队，才会获得长远的发展。

不论是微商营销还是企业经营，人才总是第一位的。有了人才，就可以积极应对风险，及时制定策略。同样，即使目前微商营销面临困境，频繁地刷广告遭到消费者的厌烦，但只要整个团队成员还在，微商的发展就会有转机。

最佳团队组合

既然微商团队有了人才，就有机会迎来转机，那么，微商团队拥有怎样的成员，才能利于微商的长远发展呢？我认为，一个有发展潜力的微商团队必须具备这 6 种人："怂恿者""支持者""怀疑者""严厉者""连结者"和"标杆者"，如图 5-6 所示。

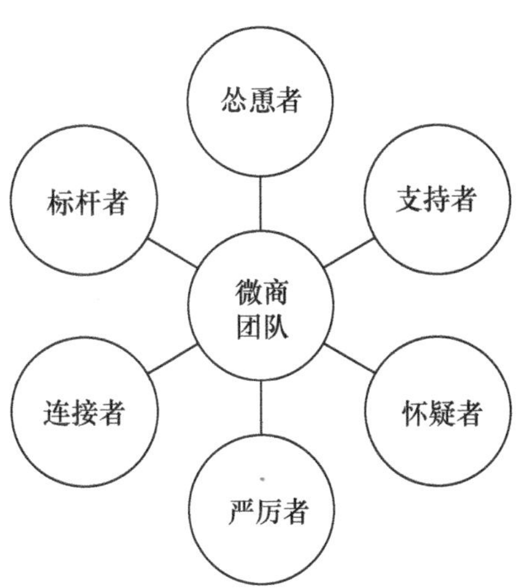

图 5-6　最佳微商团队的人员组成

1. “怂恿者”：灵感之声

“怂恿者”是那种会催促你不断进步的人，会让你勇于面对困难，迎接挑战，努力将不可能的事情变成现实。“怂恿者”充满活力与干劲，能够调节整个团队的气氛。

2. “支持者”：动力之声

团队中的“支持者”扮演着粉丝的角色，甚至比粉丝更忠心。即使在整个团队遇到困难的时候，他依旧会选择跟团队站在一起。

3. “怀疑者”：理智之声

“怀疑者”会不时地提出新问题，引发整个团队的思考，从而进行创新。他会以更理智的心态面对成功或者失败，为团队成员提供安全感。

4. “严厉者”：前进之声

微商团队因为有了“严厉者”，从而对产品的要求更精益求精，将误差控制在最小的范围内，更好地满足消费者的需求，进而沉淀用户，形成用户黏性和忠诚度。

5. “连结者”：合作之声

“连结者”不断地致力于寻找新的合作伙伴，使微商团队不断地扩大规模，同时他又与其他微商分享信息，实现利益共享。

6 “标杆者”：权威之声

“标杆者”是整个微商行业的权威者，他认可的产品一定是质量过硬的产品，他认可的合作对象也一定是值得信赖的。因为有了“标杆者”，消费者可以安心地购物。

微商团队管理13项原则：如何提高团队战斗力和执行力

现在，让很多代理头疼的一个问题就是：如何有效管理下级代理？其实，在日常的工作管理中，你会发现，刚开始你与你的代理在工作中还是可以高度配合的，但是由于彼此之间缺乏互动，最终分歧变得越来越多，团队管理逐渐陷于失控，积极性就会降低，工作业绩自然就会下滑。所以，为了让团队变得越来越好，管理者应遵循以下几条原则。

1. 鼓励

在工作的过程当中，团队难免会遭到挫折或者失败，你应该给予他们适当的鼓励，让他们重拾信心与勇气，准备迎接下一次的挑战。

此外，还要帮助他们建立一个相互学习、交流、分享的平台，团队通过这个平台可以从他人身上学到很多新的东西，不要总是讲一些浅显、乏味的东西给大家听，你需要不断地学习新知识、新技能，这样大家才愿意听取你的讲解，他们才能因此从中受益。

所以，鼓励团队要有败不馁的精神，也要鼓励他们时常保持一种学习的姿态，这是至关重要的。

2. 意见领袖

当你在管理团队的时候，若发现团队积极性差，队员懒散，该怎么办？这个时候，你需要从团队里挑选出一位优秀的、充满正能量的、受到大家一致认可的人，让大家以他为榜样，简单来说，就是让工作气氛活跃一些，这样大家的工作热情也会随之提高。

我们都知道，每个人的自制能力是有限的，甚至很低，从我们上学时候

完成作业的时间就可以得知，更何况让代理无条件地帮你工作。所以，从团队中挑选出一位意见领袖，对管理者的工作将起到有效的促进作用。

3. 任务

管理者应该每天都给团队制定任务下限，比如，每天完成多少订单量或者每天为多少位客户解决问题，让员工从心理上对工作有一种紧迫感，从而改变员工懒散的行为。但是要注意，任务的布置也应该适量。

4. 讨论

每天要与团队讨论一些关于销售技巧与方法的问题，比如客户为什么没有购买你的产品？是产品的问题，还是你在销售过程中做得不到位？只有在这样的讨论中不断地反省自己，总结经验，工作才会越来越出色。

5. 考核

通过设置考核指标，团队才能对工作有一个清晰的定位，团队在明确目标之后，才会把销售工作做得更好。

6. 压力

米兰•昆德拉曾经说过：生命不是话剧，可以彩排一次再正式登台。悲剧一旦上演，就必须承担随之而来的后果。而销售这一行业不会那么惨，上半个月的销售业绩或许是一场悲剧，但是我们完全可以通过自己的努力，让下半个月的销售业绩变成喜剧。

管理者可以在每个月的 15 号把员工召集起来，开个会议，会议主题就是“假如今天是月底”。我们可以通过将前半个月的销售业绩乘以 2，来预估本月的销售业绩，然后估算每个人的月工资和奖金，通过对比，肯定有人欢喜有人愁。所以，定期召开会议可以让员工知道自己与他人的差距，这样无形中就会产生一种压力，促使业绩差的员工在下半个月奋力直追。

7. 额外奖罚

公司依赖整体考核来提升业绩是行不通的，因为员工会在心里认为“大家都一样”。这就意味着：大家不分你我，好的业绩大家一起分享，差的业绩大家一起承担。这样导致的结果就是：我做得好没有比大家多分得奖金，我做得不好也没有比大家少分得奖金，那么，我又何必多出力呢？所以，团队最终就会变成一盘散沙。

那么如何解决这个问题呢？办法就是对工资进行二次分配。比如，总部发的工资由管理者截留，每个月做一个内部总结：这个月做销售量排名，下个月做新品上市排名，再下个月做模范店排名……按照公司的考核，每个人所取得的报酬理应是：甲本月 5000 元，乙本月 5200 元，丙本月 4800 元。

但是经过内部的考核，对工资进行按劳分配后，就变成了甲本月 4000 元，乙本月 6300 元，丙本月 5100 元。感觉自己工资少了的员工可以上访。不过，这种内部排名只要事先跟大家讲清楚规则，计算过程完全透明，大家会理解并支持这种做法的。

所以，管理者应对员工实行按劳分配，让员工通过工资差距产生危机感，只有在这样一种相互比较、相互竞争的环境中，员工才能真正将自己的潜力激发出来，从而提升工作业绩，为公司创造更大的利润。

8. 技巧总结

在管理团队的时候，你会遇到各种各样的棘手问题。在遇到问题的时候，首先要冷静分析问题产生的原因，然后尽可能想出各种解决问题的办法，再通过比较，选出最合适的一种。之后你要根据具体情况，想一想应如何避免这类问题的再次发生。

只有不断地分析、解决、总结，你在管理团队的时候才会变得越来越游刃有余，团队也才会越来越有干劲！

9. 托儿

托儿，顾名思义，就是提前找好配合自己的人。管理者一开始让大家在微信群里分享工作经验的时候，大家可能因为还没有适应，所以言语不多，表现得较为矜持。

为了让气氛活跃起来，群主最好在前一天晚上和队员进行一一交流的时候，选出自己认为表现最好的那个人，然后鼓励他在明天早会上，与大家一起分享他的一些工作经验与技巧，给大家做个榜样，并给予他一定的奖励。

10. 明确团队与个人目标

一个人只有明确自己的目标后才知道努力的方向，团队也是如此。所以，管理者在带领团队的时候，为团队设立一个准确的目标非常重要。团队目标有了，每个队员的目标也要明确，只有这样，队员才会清楚自己应该做什么，采用什么办法，达到怎样的效果。有了目标，才会有斗志，才会有凝聚力。

常见的销售团队的目标主要有：业绩目标、每个队员的个人目标、开发服务客户目标、支出预算目标、销售人员培养目标。这些都是作为销售管理者应该知道的最基本的管理指标。

11. 团队沟通

沟通在不同的环境中应采用不同的方式，应有不同的侧重点。所以，首先要了解企业管理团队沟通时的环境的特点，主要包括以下几点。

★管理者与团队之间通过面对面的语言交流或者电话、视频交流的方式进行沟通，有时也可以用文字这种更加委婉的间接表达方式。

★沟通的内容包括生活（如情感、观念）和工作（如信息、方法）两个方面。

★**沟通过程中要注重队员的心理变化**。管理者在与团队进行沟通的过程中，应注意说话的语气、面部表情，这些信息都会在队员心里形成反射，从而影响他们的态度与行为。

★**沟通中遇到的障碍**。由于每个人的生活经历与教育背景不同，所以，每个人的观念、价值观必然存在差异，在沟通的过程中就难免会出现沟通障碍。还有可能是因为大家接受的信息来源不同，导致信息失真，从而使沟通难以顺利地进行。

★**信息接收者的反应**。我们从团队的反应就可以看出沟通的效果。

12. 培养分销团

对分销团的培养主要包括人品、知识、销售技能、管理技能这 4 个方面。

★**人品方面的培养**。一个人只有先学会做人，才有可能把事做成功。对用户诚实是销售人员最基本的素质，用户在咨询产品时，销售人员应该详实地告知用户，不可夸大或者隐瞒事实。这样久而久之，公司的口碑自然会越来越好。

★**知识、能力的培养**。销售人员必须具备一定的学习能力，不仅要掌握自己公司产品的相关信息，还要学习竞争对手在产品销售过程中的一些技巧和方法，做到知己知彼，百战不殆。

★**销售技能的培养**。销售技能包括对销售人员的礼仪培训，展现产品的技巧，与用户进行沟通、谈判的技巧等。

★**管理技能的培养**。例如，时间管理、客户管理、销售管理等。

对分销团的培养仅仅交给培训师是不行的，销售人员是企业中最难管理的一个群体，所以，销售经理必须协助培训师一同进行管理。

13. 处理冲突的规则

健康的团队不仅需要明确的目标，还需要制定行为准则。行为准则就是用来约束队员行为的，如果队员之间发生冲突，就按照准则进行处理。

制定行为准则的目的就是为了避免形成“三角”关系，从而更公正、客观地解决问题。所谓三角关系就是，当双方发生冲突时，他们转向第三方以寻求解决问题的办法，这样极有可能会造成因偏向某人而使矛盾加剧的后果。所以，为了保证处理问题的公正，就必须制定一个大家都认可的行为准则，当有冲突发生时，就可以对事不对人，把事情处理得让人心服口服。

在制定行为准则时，要尽可能地做到详细、明确，不要出现模棱两可的情况，这样才会得到大家的支持与信服。

第6章

微信营销与推广：借助微信平台提升转化率与购买率

 微信营销与运营实战技巧：基于微信平台的四大营销模式

要分析微信营销技巧就要先明确如下几个方面的问题。

1. 你加入微信营销行列的原因是什么

只是为了跟随大流吗？还是觉得如果不加入微信营销的行列，自己就掌握不了主动权？若你不明确自己从事微信营销的原因，就算是加入到这个行列，依然掌握不了主动权。有些人给出的答案是，微信本身的特点决定它应该被应用到营销中。然而，他们真的清楚微信在哪些方面具有鲜明的个性化特征吗？

2. 什么样的产品可以借助微信平台来营销推广

我们不能忽视的一点是，并非任何品牌或产品借助于微信营销都能取得良好的效果，另外，微信营销工具中的一种或几种对特定产品或品牌来说可能是有效的，但不能一概而论。

如果你想运用微信营销，首先要明确产品或品牌的定位，分析一下运用微信营销的方式能不能突出产品或品牌本身的优势和价值所在。若通过微信

营销能够将消费者的目光吸引到产品或品牌的独特性上，则该产品或品牌可以采用微信营销的方式来进行推广宣传。

根据我的经验分析，微信营销这种推广方法比较适用于大众化品牌和针对专门化市场的小众品牌。

3. 微信的独特之处有哪些

作为营销方式的一种，微信营销和其他营销方式的区别在哪里？要清楚微信本身的独特之处，才能把微信本身的优势灵活运用到营销过程中。有微信体验经历的人应该都能感受到，与其他社交平台（如 QQ、微博等）相比，微信有适合自己的使用环境，当用户觉得应用微信更加适合时就会选择这种方式。

如果以微博为参照物来看待微信，通过微信平台为用户解疑答惑的方式更加多样，能够增强用户体验，其用户群的针对性比较强，能够在提高用户依赖性的基础上将其发展为自己产品的客户。而微博与用户的关系没有那么紧密，但适合产品或品牌的前期宣传，企业可以在前期通过微博来提高产品或品牌的知名度，后期则可用微信来积累长期用户，将用户转变成自身产品的消费者。

4. 微信应用的情景通常有哪些

用户为什么使用微信，是受到什么动机的驱使？如果知道微信应用的场景通常有哪些，就可以据此来推广营销自己的产品或品牌。

一部分人为了管理自己的 QQ 邮件登录微信；一部分人觉得通过微信能够更方便地处理 QQ 信息；一部分人其闲暇时间比较多，想通过微信认识附近的陌生人来打发时间，微信中的漂流瓶或摇一摇功能能够满足他们的需求；一部人觉得微信的语音比文字输入更加方便快捷；也有一部分人是出于身边朋友的推荐和影响。应该根据用户的不同使用动机来进行产品宣传和推广，抓不住用户的需求，很难达到营销目的。

明确了以上 4 点，再来分析当前我们可以在微信平台中应用的营销工具。它们既有突出的优势，又有各自的不足之处，可以从使用该功能的代表商家那里汲取经验。

微信营销的4种模式

微信是在腾讯 QQ 的基础上崛起的，腾讯为其积累了雄厚的用户基础，微信平台进一步延伸了腾讯产品应用的覆盖范围，可以说，微信的推出，是对移动营销技能的一次全方位概括，如图 6-1 所示。

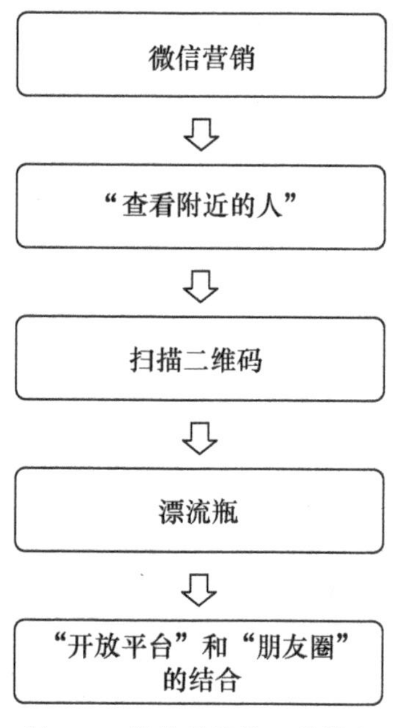

图 6-1　微信营销的 4 种模式

1. “查看附近的人”

微信像腾讯 QQ 一样，也有签名栏，有些人将其作为状态显示区域，还有一部分营销者将其作为产品推广工具，不过这种营销针对的是圈中好友，微信平台借助于位置服务技术（LBS）向用户提供“查看附近的人”功能，营销者则可以通过该功能的应用来扩大推广范围。

★方式：把产品信息输入签名栏，当用户使用“查看附近的人”或者微信“摇一摇”功能时，就能以自己所处的位置为中心，查看附近微信用户的信息，通过微信来了解其他人的基本信息，包括他们的登录名称、性别，以及签名栏的状态信息。这种信息显示具有一定的强制性，只要是查到该用户的人都能看到。

★优点：能够进行产品信息的有效推广，如果找到合适的形式，能够成功发展潜在客户。

★不足：范围还有待进一步拓展。

★案例：饿的神、K5 便利店即通过该方式进行推广。

★案例分析：有一些商家的地理位置不是很好，可以通过这种方式来加以弥补，通过信息推广吸引周围的微信用户来体验和尝试自己的产品。如果营销经费实在有限，也可以尝试在客流量比较多的位置开启微信“查看附近的人”功能，以此来进行产品或者品牌的推广，吸引更多的用户。如果浏览营销信息的用户不断增加，就可以把微信签名当作自己的广告推广方式。

2. 扫描二维码

该方式是受到 LINE 平台提供的“扫描 QRCode”功能的启发，最初是为方便用户通过扫码的方式来添加好友。如今，该功能的应用已经被延伸至营销领域，微信平台也将其纳入了自己的应用，以方便营销者进行产品推广。

★方式：通过手机识别二维码，加对方为好友，与其进行沟通。启动微信平台的扫描功能，可以方便快捷地关注对方，并通过这种方式从商家那里享受产品的优惠活动。这种推广方式看似是简单的用户添加，但通过添加，商家可逐渐积累起自己的粉丝。

★优点：由于主动权在用户手中，用户添加本身就说明他们是受到了商家产品的吸引，对此，商家应该努力进一步将添加用户转变成自己的客户。

★不足：用户可能拒绝添加。

★案例：三人行骨头王火锅。

★案例分析：在韩国互联网集团的企业推出的 LINE 社交平台的启发下，微信也向用户提供了扫码功能，最初是通过识别二维码来添加对方为自己的好友。后来这个功能被很多营销人员用来进行产品或品牌的宣传推广，微信也在这种大背景下推出了扫码功能。现在很多商家将自己微信平台的二维码推荐给用户，用户添加后可享受其会员活动，如今这种线上线下一体的方式已经被越来越多的人接收并使用，很多商家借机推出了自己的 App。如今，金钱豹和星巴克也在使用这种推广模式。

3. 漂流瓶

很多 QQ 用户对这个功能并不陌生，电脑端的邮箱里可以使用该功能，有不少用户认为漂流瓶满足了他们与陌生人交流的需求。微信中的该功能与其有共同之处，那就是操作简便。

用户可以通过扔瓶子来传递简单的文字或声音信息，感兴趣的陌生人则能够接收其信息并与其互动；通过捡瓶子，用户能够收到其他人传递过来的信息，然后与对方就其提出的话题进行沟通，不过用户在一天之内使用该功能的次数最多为 20 次。这种信息传达是比较随机的。

★方式：在漂流瓶中投放想要传达的信息，其他用户接收后进行二次传播。在营销过程中，微信运营方可以应合作商的要求重新设置漂流瓶的相关参数，在特定的时间内投放大量承载商品信息的漂流瓶，这样就会增加用户收到该信息的机会。而且可以灵活运用漂流瓶的信息推广方式，加入更多能够吸引用户注意的元素，以此来达到营销目的。

★优点：操作简便。

★不足：这种方式不够精准。另外，用户通常只是通过漂流瓶功能来打发空闲时间，这时候接收到商家的推广信息很可能不会感兴趣反而会比较反感，这不仅达不到营销目的，还会降低用户体验。第三点，用户在一天之内捡瓶子的次数是有限的，恰好捞到商家推广信息的概率不大。

★案例：招商银行推出“爱心漂流瓶”来增加参与度。

★案例分析：由微信官方重新设定漂流瓶的参数，允许经营商在特定的时间向用户投放大量的漂流瓶，这样就能提高产品推广信息的传播效果。不过，在营销过程中应用该功能的经营商不能忽视的是，要抓住用户的兴趣点，使信息形式脱离传统的刻板化，避免用户对信息内容反感或产生排斥心理，要让用户参与到信息传播当中来。

4. “开放平台”和“朋友圈”的结合

微信更新 4.0 版本后向用户提供了这项服务，这个功能方便了第三方服务平台的加入。不仅如此，它也能够把第三方服务商的标志纳入到平台的附件栏里，这样用户就能够在使用微信的过程中将自己感兴趣的信息发布给第三方应用平台，增强了用户的体验。

在这方面，微信不仅方便了用户与好友的即时交流，还通过提供朋友圈信息共享服务方便了营销者借此平台进行产品或品牌推广。无论是用户在使用手机还是电脑，浏览到自己感兴趣的信息时都可以通过这个功能将之共享给其他好友，其他用户也可以点击链接，到原网页来浏览内容。

［开放平台］

★**方式**：就像其他信息分享一样，在好友圈中共享网站信息，或者在网站里分享微信平台上的信息。

★**优点**：因为微信好友之间的关系通常更值得信赖，这也就意味着用户转发分享了商家的产品信息后，会对产品营销起到比较大的作用。

★**不足**：不容易实现商品扩散。

★**适用产品**：有些产品能够借此提高影响力，扩大覆盖范围。案例：美丽说应用了这个推广功能。

★**案例分析**：很多人希望好友也能看到自己觉得有用的或者感兴趣的信息，如果某个产品或品牌确实吸引人，用户就会将其分享到好友圈。举个例子，美丽说与腾讯达成了合作关系，如果有微信用户觉得他们的商品比较好，可能分享给他的圈中好友，这样就能提高该产品的知名度和影响力。

［朋友圈］

★**方式**：用户把自己在网页或者手机应用中的信息转发到微信朋友圈，让其他好友共享该信息内容。这与 Path 工具的功能有相似之处。

★**优点**：在特定范围内进行信息互动，这种方式有利于产品营销。

★**不足**：不容易实行产品推广活动。

★**适用产品**：依靠口碑营销的产品和私密程度较高的商品品类。

微信公众号营销：微信公众平台的策略、方法、技巧与实践

继微信推出之后，腾讯又于 2012 年 8 月 23 日正式上线微信公众平台。在这里，QQ 用户可以用自己的账号开通属于个人的微信公众平台，在该平台上与关注其账号的用户群体进行交流，既可以发送文字，也可以传输语音和图片。

微信公众平台之前是以“官号平台”“媒体平台”作为其名称的，腾讯在名称上的决策突显出他们对该平台寄予的厚望。新浪微博最初是以公众人物为针对性用户群体的，微信不一样，它在发展中积累了雄厚的用户基础，该平台在探索阶段的计划是，借助于已有的用户基础，在原有的基础上进一步拓展功能，提高用户依赖性，建设完整的生态系统。用户可以在电脑终端应用微信公众平台，也可以通过该功能群发消息，如图 6-2 所示。

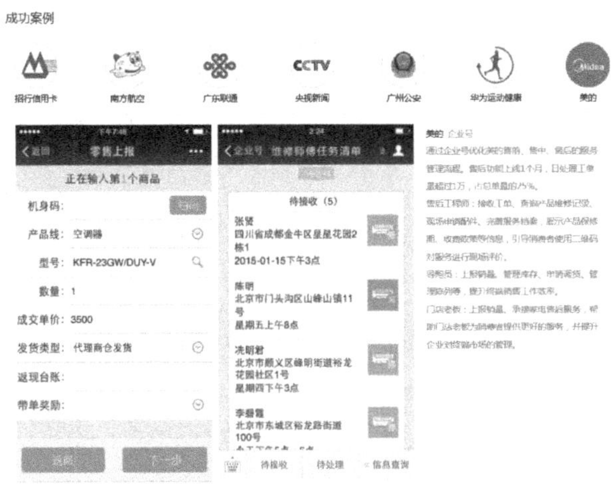

图片来源：微信网页截图

图 6-2　微信公众号的成功案例

微信公众平台的作用

1. 通过微信把信息转发给好友

当微信用户在手机应用程序中浏览到自己认为有价值的信息（如一段文字或一段视频）并想与某个微信好友共享此信息时，就能应用平台中的分享功能，将信息转发给对方，对方接收后只要打开链接就能看到具体的信息内容。

2. 通过平台把信息分享到朋友圈

当微信用户在应用程序或者网页上看到自己感兴趣的信息（包括文字、图片等形式）时，可以使用功能栏中的“分享到微信朋友圈”将该信息内容分享到自己的朋友圈，这样微信圈中的好友就能查看该信息内容并进行评论互动。

微信公众平台的使用

1. 怎样申请公众账号?

QQ 用户可以直接用 QQ 账号登录公众平台，注册自己的公众号码。所用的中文名字不具有唯一性，即使自己的名字和其他人一样也是可以的。公众号码注册成功后，就能够登录微信公众平台的运作界面。

这个界面的操作很方便。可以与他人进行即时互动、投放信息并管理素材。可以对关注该账号的用户进行组别划分，并与其进行沟通互动。

2. 怎样发布和订阅公众账号?

微信的独特性之一就在于，以二维码的方式发布和订阅微信公众账号，其他用户可以通过扫码来关注。每一个申请了公众账号的用户，都拥有自己的二维码，其中央置有品牌标志。当然，除扫码之外，还可以通过添加号码的方式来关注某公众账号。具体做法是，点击微信界面右上角的“+”，打开“添加朋友”，再点击公众号进行搜索，然后就能关注该公众平台。

3. 信息推送和阅读

在对用户进行分类管理的基础上，微信公众平台可以按照类别来提高信息推送的针对性。一般的公众账号，能够向粉丝推送文字、语音和图片 3 种形式的信息。

经过官方认证的公众账号，就可以向粉丝用户发送品质更佳的信息内容。它既可以发送比较简短的信息内容，也可以发送一系列专题内容。

4. 不能进行分类订阅

公众平台也有不尽如人意的地方，比如现阶段还无法进行分类订阅。若是在今后的发展过程中能够实现分类订阅，将会进一步满足用户需求。

另外，如果某用户订阅了很多公众账号，就可能受到信息推送频繁的困扰。有消息透露，新的微信公众账号版本将不再进行消息提示，这样就能减少信息推送给用户带来的烦恼。不过对用户来说，他们最关心的仍然是品牌和具体信息，多数用户倾向于选择简短而精华的内容，这样利用零碎的时间就能看完。

两个人性化的功能设置

1. 群发助手

尽管用户现阶段还无法在移动终端登录公众账号，不过用户能够将自己的公众平台与维系号码关联起来，这样就能在手机终端的微信平台用公众号助手给订阅该公众平台的用户推送信息。不过在信息发布的过程中，系统会要求发送者确认信息发送，这个环节延长了发送时间。

2. 自动回复

考虑到微信公众账号的粉丝数量通常比较多，该平台提供了自动回复功能，使发送方能够自己设置自动回复的内容来回复粉丝咨询频率较高的问题。如果用户不知道怎么应用这个功能，可以给微信官方发送消息，他们会给予自动回复，以此来启发用户。

但是，建议那些知名度不是很高的小品牌不要使用这个功能，毕竟该功能不能精准地回答粉丝的所有疑问，也不能即时与他们进行沟通互动。

利用微信公众平台营销需要知道的4点

1. 通过二维码来发布和订阅公众账号

以二维码方式来发布和订阅公众号也是微信平台的特色所在，其他用户可以用手机扫描二维码来添加对方为好友。每一个注册公众号的微信用户都拥有属于自己的二维码，方便其他人的订阅和关注。

2. 推送的信息具有较强的针对性

信息发送方可以根据粉丝的特征对其进行类别划分，以提高信息推送的针对性。

3. 推送更精彩的内容

一般的微信公众平台，能够向粉丝用户推送文字、语音和图片形式的信息。经过官方认证的公众号，则可以发送质量更好的内容。有些内容是较精简的，还可以发送专题性的信息内容。

4. 将个人关系与公众关系分开管理

用户在接收信息时，若订阅的公众账号比较多，就可能因为信息推送过多而受到影响。新版的公众账号将不再进行消息提示，方便用户将个人关系与公众关系分开管理。不过对用户而言，他们最在意的还是信息内容的质量和品牌，因此推广的信息要切实抓住用户的需求。

微信公众平台展望

迄今为止，即使订阅的是同一个公众号，这些用户之间也不会进行交流互动，用户订阅某公众号的目的在于从中满足自己在信息方面的需求。

不过微信公众平台的品牌方则可以据此掌握粉丝用户的特征信息，也可以在平台中以语音的方式与粉丝进行交流互动，越来越多的营销者意识到这种互动方式的价值所在。相信在不久的将来它就会成为重要的营销方式。

1. 以内容为基础，提高内容品质

最终以微信公众平台替代了“媒体平台”“官号平台”这两个名字，突显出微信经营方希望通过该平台实现的巨大抱负。微信的发展战略和新浪微博是有明显区别的，因为微信的用户基础雄厚，这是它的优势所在，使之可以充分利用这一点，在平台中进行功能的进一步延伸，以此来发展长期用户，形成自己的生态圈，这也是微信公众平台的初步规划。

2. 培育微信公众平台

进入微信界面，可以发现微信中的公众认证账号分为阅读、媒体、明星 3 种。不知道你有没有发现这个规律，这 3 种账号的排序与该平台的名字所

代表的意思是一致的。具体而言，主营内容的品牌（即“订阅”类品牌）在该平台中居于首位，我认为这并不是一个单纯的巧合，而是突显出用户（即平台名称中的“公众”）所占据的重要地位。

现如今有两种微信公众账号，一种是每个人都可以申请的账号，还有一种是官方认证的。后者的申请条件是订阅该公众账号的用户要达到 1000 人。这种认证申请规则的制定能够在很大程度上对微信公众平台推送的信息形成品质方面的约束，由于该平台面向广大的用户群体，这样的管控有利于其长远的发展。

3. 提高品牌的影响力

最能突出微信对其品牌的重视及巨大期望的，莫过于登录界面的标语：我的品牌，上亿人看见。

我们不能忽视的是，在该平台中，营销者能够通过微信朋友圈及个人关注页来拓展品牌的覆盖面。所有用户关注的品牌标志都会显示在他们的信息页面上。如果有人关注了你，就能了解你的兴趣。不过，是否让别人看到你所关注的品牌还是由你自己来决定。

4. 去中心化的平台级创新

有很多分析者会以微博为参照物来解析对微信的看法，列举两者之间的诸多相似性和共同点。

我个人认为，虽然微博和微信确有相似之处，但两者的形态存在着很大差异。相比之下，前者更适合于信息传播，后者能够与用户进行即时交流互动，彼此之间的联系更加紧密。现阶段，订阅特定公众账号的用户不会进行彼此间的互动，他们的动机是为了满足自身的需求。信息发送方能够以此来掌握用户的相关特征并与其交流。

从应用终端显示出的形式上来说，微信属于社交平台。但回归根本层面，微信公众平台并不存在中心化的控制。用户通常倾向于选择参与性和互动性比较强的平台。通过应用该平台，每个用户都能与别人分享信息、成为传播者并拥有公众账号。用户也可以在这里与自己的偶像进行接触和交流。每个用户都能通过该平台展现自己的价值所在。不管是经营者、媒体，还是用户个人，都能在微信公众平台寻求适合自己的发展道路，不会受到商业模式的影响。

不管是普通微信公众账号还是拥有众多粉丝的认证账号，都比较注重展示品牌，在二维码中间位置的品牌标志就足以说明这一点。站在用户的立场去看待这个问题，品牌展示符合用户希望让好友了解自己偏好的信息内容、品牌，以及自己喜欢、崇拜的偶像人物。这与之前很多人在豆瓣网晒出自己喜欢的书籍和影视作品是同样的道理。

不过迄今为止，微信平台的交流主要是品牌方向粉丝群体推送信息内容，我认为，在今后的发展中也可能实现关注同一个品牌的用户之间进行交流互动。在这方面，QQ 空间的品牌部落已经做出了示范。

指尖上的内容营销：如何在微信公众平台上做好内容营销

开通了微信公众号之后，应该怎样发挥它的营销功能，为企业或者个人带来收益呢？企业或者个人首先应该有一个明确的操作思路，如图 6-3 所示。

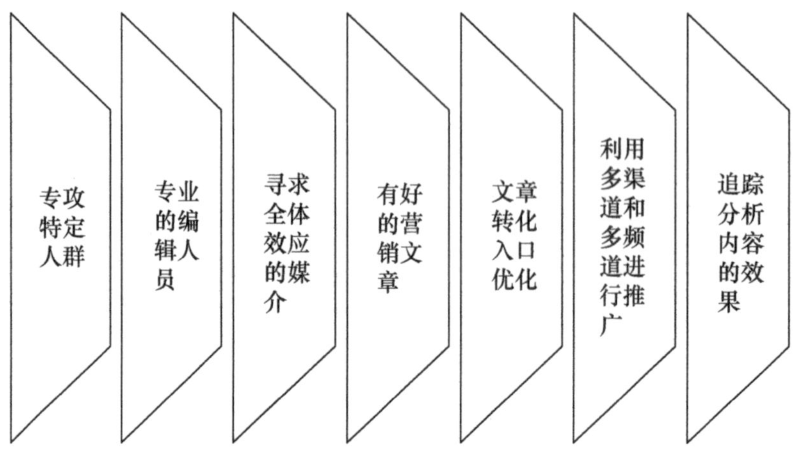

图 6-3　微信公众平台上做好内容营销的策略

专攻特定人群

为什么要专功特定的人群，主要有以下几个方面的原因。

1. 瞄准特定客户群

虽然说做生意要面向广大的受众群体，但是受众群体对产品的了解程度是不一样的，因此应该划定一些特定的客户群体，比如一个产品可以面向 A、B、C 3群体进行推广，但是真正适合的可能是D类群体，因此对企业或者个人来说，真正需要挖掘的客户群体是 D，而不是将精力分散到 4 类群体中。

2. 缩小投入范围

企业或个人的推广资金和人力是有限的，如果能圈定特定的群体，那么就可以更加有针对性地进行推广战略部署，在降低成本的同时，也可以将更多的精力集中起来，以提高推广的准确性。

3. 摸透顾客的购物路径

不同的顾客会有不同的购物路径，而且其在不同路径上进行信息获取、处理以及反馈的方式也不同。

比如，刚开始是面对一个对产品比较陌生的顾客，那么他接下来就会通过广告投放了解到该品牌，如果他对产品或服务有需求的话，就会对产品或服务产生兴趣，进而通过对同类产品进行比较，了解该产品的口碑，最后做出购买决策。

只有真正摸清顾客心理，才能了解他们的真正需求，并抓住其需求痛点，将他们变成自己的客户。

专业的编辑人员

开展内容营销，最重要的就是要有饱满、夺人眼球的内容，但是现实中很多企业负责编辑内容的工作人员都不是专业人士，有的甚至由好几个人来轮流编写，可想而知，这样的内容将很难为企业带来效益上的提升。

因此企业应该由一个专业的编辑人员来负责内容营销，一个专业的编辑应该具有以下特质。

1. 具有高水准的文章编辑能力

互联网信息是由各方面的产品信息汇总而成的，这就要求工作人员有一定的协作能力和文字功底。

2. 具有一定的项目管理能力

具备项目管理能力的人，了解怎样把握项目的进程，并且知道该跟谁沟通以及沟通的技巧。

3. 了解 SEO 的原理

编辑可以不需要会做 SEO 项目，只要了解其中的原理即可。编辑的主要职责就是做好文字工作，而其中的关键字是文章中所必须的，了解 SEO 原理的编辑可以在不同的阶段用不同的方式体现某个元素，并寻找搜索引擎以及读者之间的平衡点。

4. 是社交媒体的参与者

如果内容营销中的内容僵硬、死板、无趣，也就很难吸引用户，因此，如果编辑能够熟练应用各种社交工具，那么就可以更贴近用户，更详细地了解他们的兴趣爱好，从而写出更能让用户接受和满意的商品信息。

5. 具有数据分析能力

如果内容中只有结果分析却没有数据分析，是很难说服用户的，因此，作为一个专业的编辑，还应该具有一定的数据分析能力，了解内容传播速度、市场的回应度以及转化率，通过对这些数据的分析来提高内容的可信度。

寻求全体效应的媒介

有了好的内容，如果没有一个良好的媒介和传播渠道，那也是没有用的。因此，在开展内容营销的时候，可以充分利用自己以及合作伙伴的各种推广渠道、忠实粉丝、订阅者以及行业的意见领袖等，有了他们的帮助，内容营销可以实现更大范围、更多渠道的宣传，同时也有机会带来更大的回报。

有好的营销文章

不管采用什么样的形式，每一篇营销文章都应该有一定的营销价值，营销内容本质上就是跟客户之间的一种对话，通过与他们情感上的交流来拉近彼此之间的关系，从而对他们的购物行为产生影响。

因此，一篇好的营销文章应该有以下几个要点。

1. 优化关键字

能看到和好看是两个层面上的概念，即便内容再好看，如果不能被用户搜到，那么也就不能发挥其营销价值。因此，编辑应该学会优化关键字，便于用户搜索，并保证用户在看完文章之后就能用几个关键字将其描述出来。

2. 凸显价值

进行内容营销需要向用户传递的东西有很多，但是其中最重要的一点就是要凸显个人或者公司的价值。国内大多数的中小公司卖的大部分是同质产品，并且在价格上也都相差无几，还有相似的营销渠道，要想在众多相似的产品中脱颖而出，吸引住用户，就需要用个人或企业的价值来作为关键点。

3. 要有品牌精神和个性

做中庸的品牌虽然看似比较安全和稳定，但是很难让用户产生眼前一亮的感觉，而且未来也很难受到 90 后甚至 00 后消费群体的欢迎。因此，品牌应该有自己的个性和独特的内涵，并在内容营销中展现出来，从而更好地抓住用户群体。

文章转化入口优化

有了好的内容营销，还应该有一个好的入口，从而让用户更方便地行动，微信扫一扫、收藏转发、一键加友、直接购买按钮等都是一些转化入口。

用户进行的每一项行动都代表着其对内容的兴趣，因此就需要有相应的行动按钮来支持用户的行为。内容营销有众多的发布渠道，每一个渠道都应该对自己的入口进行优化，从而为用户的行动提供更多的方便，导向链接以及二维码是最简单的入口方式。

利用多渠道和多频道进行推广

由于信息呈现碎片化的趋势，如果单纯依靠单一的传播渠道，无法扩大影响力的范围，因此，要想内容营销取得比较好的效果，最重要的就是要开辟更多的传播渠道，进行更加全面的渠道传播策划，主要包括：关系营销介入、短期活动植入、合作伙伴的市场推广、社交媒体活动等。

追踪分析内容的效果

对内容分析的效果追踪，主要集中在如下几个指标上。

1. 内容制作的效率

比如原本需要两周完成的内容，现在只需要两天就可以实现，这就说明团队的工作效率在提高。

2. 内容传播的速度

之前可能只有获得好友的关注，而现在有了更多人在关注，转发量和评论数量得到了有效提升。

粉丝经济下的微信营销：微信营销必须要具备的十大能力

随着时代的发展、科技的进步，企业的营销模式也在不断地发生变化：营销介质发生了变化，如淘宝从电脑客户端到手机客户端；营销方式也在变，基于微信平台发展起来的微商无疑是最好的证明。微商的兴起对消费者来说是一大便利，可以不用再坐在电脑前购物了，而是在刷微信的时候，顺手就可以浏览商品。

因此，越来越多的人也开始意识到微营销的重要性，但是怎样才可以做好微营销呢？很多人也有这样的疑问：为什么自己也开始做微商了，但就是做不起来？针对这样的疑问，本节旨在探讨要想做好微营销应该具备的能力，如图 6-4 所示。

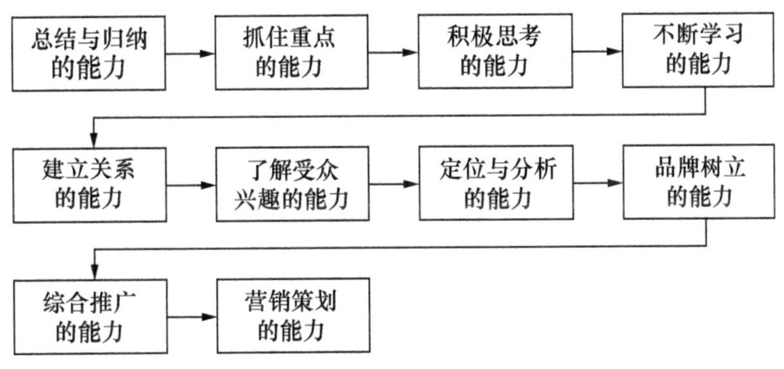

图 6-4　微信营销必须要具备的十大能力

总结与归纳的能力

这是作为微商首先应该具备的能力。总结与归纳是指从日常生活中所经历的事情总结出自己认为有价值的东西，并且在其他类似的事情上经过灵活运用可以达到事半功倍的效果。如同学生学习一样，学习了一天的课程，经过自己的归纳梳理，知识才会被吸收，而做微营销也是如此，通过微信公众平台可以看到每日的粉丝数、访问量、点赞数等，根据这些数据，微商可以做一个简短的总结，看看哪些地方需要保持，而哪些还有待完善。

抓住重点的能力

在具备了归纳总结的能力之后，还应该具备抓住重点的能力，能在海量的信息中，找出对自己最有用的信息。每个微营销者都有自己的特点，要找到自身平台的特点，就要在众多的用户中抓住最重要的信息，发布用户感兴趣的内容，增加用户的访问量与转发量，同时还要把信息设计得精致、细致与漂亮。

积极思考的能力

这是做微商应该具备的第三个能力。一位优秀的微营销者能在繁杂琐碎的问题上积极应对，敏捷思考怎样让自己的微营销更具有吸引力，以增加用户访问量。因此，他们会选择用户感兴趣的文章内容，并搭配吸人眼球的图片，而在图文的搭配上，他们也会精心设计一番。

不断学习的能力

移动互联网时代，事物的更新换代速度变快，要求人们不断地学习、思考，而学习不是局限于对书本的学习，还包括实践能力的提升。作为微商，要想成功地做下去，还需要向他人学习，关注一些比较成功的微商，学习他们的经营经验，再根据自己平台的特点有针对性地学习。

建立关系的能力

人作为一个个体生存在这个世界上，必然要与他人交往沟通，在移动互联网时代，做微营销也需要跟他人分享合作，单打独斗迟早会在这场微商之战中失败。身为微营销者，要充分利用微信公众平台，不仅要与粉丝保持密切的联系，适当地发送福利，与其他微商同行也要加强合作，建立自己的资源共享圈，以便日后的不时之需。

比如说，你做微营销，跟一些优秀的平台运营商建立良好的伙伴关系并保持合作，那么你就可以利用他们的平台宣传推广自己的微信运营号，让更多的用户发现、关注你，并成为你的粉丝。

了解受众兴趣的能力

受众的兴趣决定了公众号平台推送的内容类型，很多微营销者也意识到具备了解受众兴趣能力的重要性，并开始采用多种方式去了解受众兴趣，如活动调查、有奖问答等，还利用自己的营销号进行数据统计。了解了受众的爱好，可以使你在最短的时间里了解用户的需求，以便日后内容的调整。

定位与分析的能力

定位与分析能力是作为微营销者必须具备的第七大能力。定位分析就是通过微信运营平台的统计数据，明确用户喜欢什么类型的内容、风格，从而更明确地进行自身的定位。

只有将自己的公众平台定好位，微信平台才能发挥最大的价值，为微营销者创造最大的财富。而进行定位需要涉及这几方面内容：用户年龄段、职业，推广方式、时间，成本的预算，盈利模式，产品类型等。

品牌树立的能力

一个优秀的公众平台离不开良好品牌的树立。一个优秀的微营销者必须具备树立品牌的能力，微信公众平台有了良好的品牌，不仅可以为自己创造商机，推广自己的个人品牌，而且还可以推广企业的知名度。因此，微营销者要时刻重视对品牌树立的学习。

综合推广的能力

综合推广的能力在微营销行业中备受重视。一个平台即使再优秀，没有切实有效的推广策略，还是不能为广大用户所熟知，也就无法实现它的价值。所以，如果你想从事微营销行业，就必须具备综合推广的能力。

很多开微店的人都纳闷，为什么每天定时保质保量地更新文章，却还是没有增加几个粉丝呢？这里就涉及了营销策略的问题。恰当的营销策略会使你在短时间内增加上千个粉丝，并且这其中还包含与此行业相关的精准用户。那么，应该如何提升这种能力呢？这需要微营销者在营销的过程中不断地学习积累。

营销策划的能力

很多人都认为微信营销就是在微信上发布一条广告，被人看到了，然后有人来买单，这就是营销，却忽略了发布的这条广告是否具有吸引力，是否会被粉丝转发到朋友圈等因素。很多平台一次营销效果还不错，但想进行二次营销，让上一次买单的客户再次进行买单就变得很困难。要想成功地进行二次营销，就需要有成功的营销策划。

营销策划就是根据企业的营销目标，企业顾问制定的一系列针对产品、服务、价格、销售等环节的战略，成功地吸引粉丝，并使其通过经营的平台为产品买单。在微营销行业里，最忌讳的就是单纯地发广告，而使产品与策略脱离，在广告里只有产品的名称、价格、功能、使用方法等，这样的广告很容易使粉丝厌烦，而苹果、小米的营销策略则给了微营销者们一些借鉴经验。

如果一个微营销者具备了这十大能力，那么他无疑是成功的，必将成就一个成功的营销案例。对于拥有庞大粉丝群的微营销者而言，这些粉丝就是他的资源；而对于草根微营销者来说，则需要努力学习这十大能力，经过长期的经营，也一定会做好微营销。

产品营销及运营：微商如何建立、维护与管理好客户关系

微商经营者经过一段时间经营后，积累的粉丝逐渐变多，接着就有一个问题随之而来，微商经营者到底该如何维护好这些客户，让他们由客户变为忠实的粉丝呢？大部分的微商培训都比较注重怎么吸粉，但鲜有谈及如何维护好客户关系。下面将针对如何维护客户关系做出详细讲解。

建立客户关系

建立客户关系是指通过一系列手段把所有的客户集中到一个圈子里，但在做这件事之前必须先弄清楚客户的来源有哪些。就目前来说，客户的主要渠道来源是：微博、微信、论坛、QQ 空间等；用户的支付方式也有所不同：有微信直接支付的，有通过支付宝支付的，此外还有一些其他的付款方式。对于如此分散的客户来源，我们必须先将用户集中到一个池子中，完成对用户信息的集中管理。

解决方案：通过办公软件 Excel 建立表格或者通过一些专业的微会员系统将所有的用户信息集中起来进行统一管理，为了方便为客户发货，我们需要统计几个客户的属性来建立用户数据库，包括姓名、联系方式、收货地址、渠道来源等，还可以添加其他的标签，以方便今后的活动推广，如图 6-5 所示。

微商客户数据库							
姓名	电话	地址	性别	来源	购买时间	购买产品	备注

图 6-5 微商客户数据库示例

购买环节

这个环节到底该如何维护客户？客户的购买流程中一般会有订单催付、发货提醒、物流查询以及后续评论等，如图 6-6 所示：

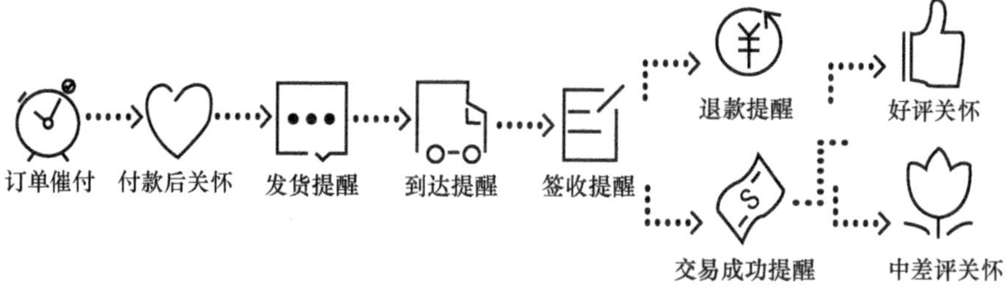

图片来源：创业邦

图 6-6 客户的购买流程

微商同样也会遇到客户只是来咨询却并不购买以及下了订单之后不去付款的问题，而现在的微商大部分是由个人来运营，还没有实现团队化，可能也没时间去处理这些问题。

但是对于微商运营者来说，应该注意好两个板块：咨询未下单的客户与发货环节。由于现在微商还处于发展初期，如果你能够比别人更为注重对客户的服务与体验，消费者会更容易买账，你的品牌也会更容易获得成功。

交易完成后

在客户购买完产品之后，应该怎么去维护客户？可以先分析一下客户购买之后的几种行为。

★**分享**：主要通过一些交流工具向亲戚、朋友等作介绍，为你吸引更多的顾客。

★**回购**：再次购买产品以及一些周边服务等。

★**流失**：对产品不满意，不会再购买你的产品。

其实在客户交易完成之后的环节主要涉及两个要素：用户生命周期与产品周期。微商现在主要在做的产品大多是快速消费品以及一些地方特产等。

微商比较注重粉丝，但将客户发展为粉丝甚至是分销商则要经历一定的阶段：从潜在顾客到新顾客，演变为老顾客，再到忠实顾客，最后发展为忠实度极高的粉丝，甚至有可能使之成为你的分销商，当然，这其中还有一部分客户可能会因为某些原因而流失。

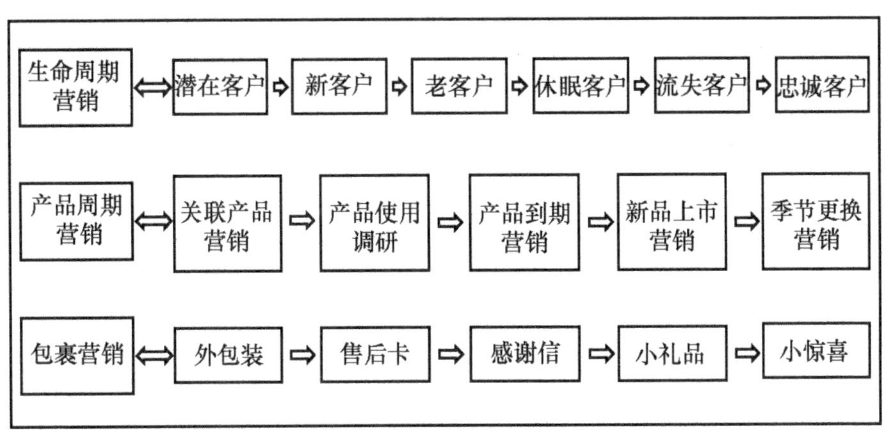

图片来源：创业邦

图 6-7　微商各周期的营销流程

因此，在积累和维护粉丝的问题上，应该要做好如下 3 个方面的工作。

1. 购买分析

可以通过办公软件统计数据对客户的二次回购以及其周期进行分析，主要包括客单价、回购率、回购周期等。

2. 产品周期营销

它主要是指在客户购买了你的产品之后，根据其使用周期去进行客户的维护工作，这里将周期定义为购买、使用、结束、回购 4 个阶段。在购买期要注重产品的体验，在使用期要注重客户关怀，在结束期要及时与客户交流、引导客户回购，在重购期要注重优惠促销，以吸引顾客等。

3. 对于用户生命周期维护

侧重点还是在于找到与客户的沟通点，与客户尽量多地进行互动，至于会员生命线维护流程，即在每一个周期环节内找到跟客户的接触点，然后去跟进并维护客户。由于个人微商本身缺乏一些工具端的支持以及对客户数据的有效收集和整理，所以就需要做更多的客户互动活动。

客户维护前提

客户维护的前提还是要做好客户的精准定位，通过前面建立的数据库对用户信息进行精确分析，对于不同类别的用户采用不同的处理方式，从内容去吸引用户，并与当下的流行元素相结合，制定出新颖的营销方法，而不是一味地去推送广告。

微信维护

微信的功能有很多，主要有标签、群发、朋友圈、可见范围、提醒谁看、地址栏等。

1. 标签

标签是为了我们在与客户交流或者向客户服务的时候更有针对性，因此，可以对客户进行一些简单的分类。例如，做洗发水的可以了解客户的发质，比如干性的、油性的或中性的，对于不同类别的客户使用不同的标签。

2. 群发

微信的群发功能类似于手机短信的群发功能，严格控制好群发的对象与时机，利用前面的标签和收集的信息可以针对用户群发送不同的内容。

3. 朋友圈

在朋友圈里可以做一些打折促销活动，并且通过设置让一

特定的人群看到，把一些具有特殊性的用户划分为一个小组，然后发一些只有他们可以看到的有针对性的内容。

4. 可见范围和提醒谁看

这两者都属于可以对客户进行精准定位的营销手段，客户更利于看到一些有诚意的促销与打折活动，以及一些专业性的信息分享，前提条件是你要让你的内容不那么生硬，看起来要有诚意。

5. 地址栏

地址栏最为基本的功能是修改信息，但是精明的微信运行者会通过精心的设计让其具有广告与客户维护功能。

微商和其他产业一样，也可以通过吸粉来扩大自己的销量，但是要想长期运营产品并最终能够形成特有的品牌，还要依靠老客户与粉丝的力量，这些群体极具价值，经过发展可以成为你的代理商与分销商。

微商在产品运营方面，应该借由个人品牌发展成为产品品牌，以获得长足的发展。同时也应该与客户建立良好的人际关系，提高客户的信任度。毕竟在微商这个相对闭塞的生态系统里，信任才是微商运营成功与否的关键所在。

微营销法则：传统企业如何利用微信营销提升流量与转化

微博、微信等的广泛应用，使得微营销开始出现在人们的视线中，并逐渐成为了一种广受欢迎的营销方式。众多企业和商家已经围绕微营销展开了积极的行动。但是一些企业对于怎样做微营销的问题并没有想清楚，就开始投身于微营销行列了，那么，企业在做微营销时应该注意哪些问题呢?

用心

不管做什么事，只有用心做才可能有回报，营销也同样如此，做营销不是说利用几个工具就可以做成功的。

有一家咖啡馆，不仅有微博微信 App，同时也在陌陌里宣传和推广自己的产品，精心准备了精美的图片，专门设计和布置了咖啡馆的环境，并将照片传到陌陌上。为了吸引更多顾客的关注，咖啡馆还专门拍摄了一组英国短毛猫的萌照，通过陌陌将客户引导到微博上，再利用微博的推广和宣传效应，将顾客吸引到线下实体店。它在微信上没有开通官方账号，而是成立了一个微信群，鼓励群里的成员自己组织线下活动。

一系列的举措使得这家咖啡馆在当地具有很高的知名度，并吸引了一批忠实用户。所以，开展微营销并不是专门的营销公司可以替代的，必须自己用心，将自己的情感和真诚融进微营销中。

落差引来关注

移动互联网也可以称得上是一个高新技术领域。因此，像京东、阿里、小米等这样的大型公司拥有自己的微博和微信账号并不奇怪，反而让人认为是一件理所应当的事。而如果是一个摆地摊的小贩来开展微营销，就会产生一种极大的落差，这种落差会得到更广泛的传播，从而获得更多人的关注，而获得的关注在一定程度上又促进了消费。

> 武汉的一家水果店，开通了自己的微博“@ 武汉 C 佳水果店 - 陈威”，之后，这家水果店立即在微博上火了起来。这一举指不仅让更多的人了解到了水果店，同时也吸引了众多媒体的关注，将其影响力扩大到了更大的范围，在几个月的时间里，这家水果店就成立了 3 家分店。此后，陈威又利用微博销售油焖大虾，也取得了不错的效果。

接地气

在微博和微信上如果贴上“官方”的标签，就形成了一种典型的自我中心意识，这样一来就会离客户越来越远。

官方微博作为一种比较正式的代名词，不能说一些太过随意的话，要贴近客户，就需要与他们进行积极的互动，讲他们愿意听的话，在这种两难的抉择中，有的官方微博就选择虚拟另外一个账号，利用这个账号与官方账号进行互动，官方账号会正式和严肃，偶尔会转发虚拟账号的微博，这样一来就赋予了官方账号更多的活力，不仅能够吸引粉丝的注意，同时也获得了大量的转发，扩大了宣传。

利用兴奋点来引导功能

不管是利用微博、微信还是设计 App，找到其主要的功能是一件比较容易的事。例如一家餐馆，其主要的功能就是点餐以及一些相关的评论和互动。而这些功能对用户来说根本没有足够的吸引力，他们需要的是能够迅速抓住他们眼球的兴奋点。

比如要出去旅行，美丽的风景、独特的民族风情以及舒适的酒店环境是一个景区的基本配备，但是全国大多数景区的旅游功能基本相似，因此也就很难将游客吸引过去。而谈起成都却能够让众人眼前一亮，其原因就在于，成都在具备基本的旅游功能之外，还有重要的兴奋点，即美食，这个亮点就足够吸引一众游客前往。

先做内容，再做传播

当很多人看到别人利用微博、微信做营销获得成功时，在极度的羡慕中也纷纷去注册自己的微博、微信，并组织活动，然后专门找大 V 或者找朋友转发，但是最终收效甚微。因此，企业或者个人在做微营销的时候，关键是要先做好内容，再做传播，在丰富饱满的内容基础上推广和宣传，不仅会增加产品的深度，同时也可以与客户产生一些契合点，引起他们情感上的共鸣，让他们心甘情愿地成为自己的粉丝。

一般来说，微博、微信的内容包括如下两个方面。

1. 之前的微博或微信内容

如果大 V 或者朋友帮助你把用户吸引到了微博上，但是用户在翻看过往微博的时候发现里面全是一些广告推送，他就会感觉到上当受骗，迅速对你取消关注。因此，企业应该更加重视微博内容的建设和规划，围绕客户需求让微博内容更丰富些，要了解和分析客户真正想要看到的是什么，这样才能靠内容来吸引和留住客户，从而进行下一步的推广工作。

2. 文案创意

文案创意对企业的营销推广工作也具有重要的意义，比如曾经有一家房地产商，为了对自己的精装公寓做促销，设计了一段这样的文案：某某楼盘限时促销中，现在购买可以享受 1 万元抵 3 万元的优惠，活动仅 3 天，预购从速……然后在文案的最后附上一个网址，这样的文案在大街上、报纸上以及电视上都随处可见，但是事实上这种文案设计纯粹是靠价格优惠来引导消费者，效果并不好，而且楼盘之间为了取得价格上的优势，还有可能造成恶性竞争。

同样是做文案设计，如果打出的是情感牌，利用人们对偶像崇拜和喜欢的心理来引起消费者的关注，结果会证明，这样的文案设计是很有成效的，用户进入网页浏览的转化率更高。

做“微营销”全案还是个案

在做微营销的时候到底是微博、微信、App 全用，还是只利用其中一个，对于这个问题，答案主要取决于具体的行业和客户的采购习惯。

比如在奢侈品行业，有一位经营者最开始只是利用微博来进行产品推广，然后将微博上的用户引导到淘宝上去购买，刚开始效果还不错，用户转化率也比较高。可是后来，竞争对手开始通过微博私信的方式用更优惠的价格来招揽顾客，不仅将其顾客抢走了，还为其后续的产品推广带来了坏影响。后来该经营者开通了微信，并将在微博上进行咨询的客户导入到微信，生意重新恢复了火爆，一个月的销量规模就已经达到了百万元的级别。

自己做还是交给专业公司

对于这个问题，我认为自己做微营销更好一些。不管是微博、微信还是App，它只是一种工具，只要能够掌握和利用好这一工具，自己做运营是一个最好的选择，因为自己对自己所经营的产品和业务是最了解的。

但是要掌握和利用好工具，将这个工具的功能发挥到最大程度，还需要专业团队来支撑。因此，如果自己不了解这些工具的话，也可以寻求专业团队的帮助，小公司可以采用外包的形式将微营销的工作外包给专业营销公司，而大公司则可以通过招聘顾问，与专业的营销团队达成合作，共同联手做好微营销。

微博、微信只是一种开展微营销的工具，这是企业和个人在开展微营销时首先应该弄清楚的一个问题，能否利用微营销取得良好的收益还是要取决于企业和个人的努力。

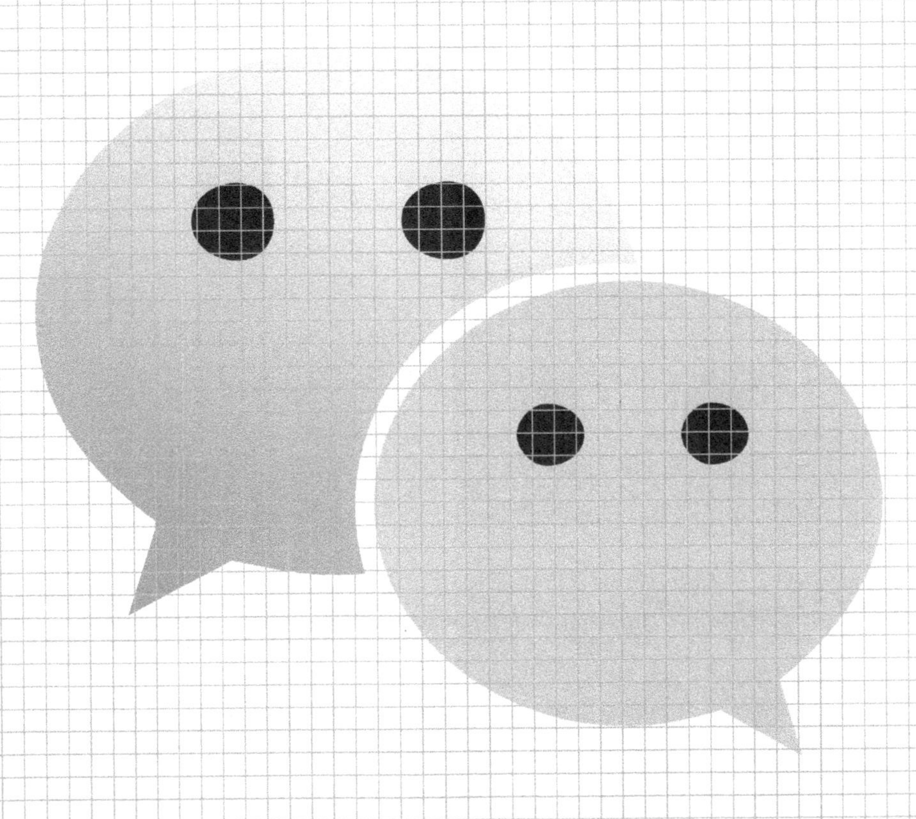

第7章

我为微商正名：建立完善的信任机制，拒绝“传销”标签化

 以“信任”做代言：微商如何与顾客建立强信任关系

微商逐渐成为人们关注的一大焦点，究竟“微商热”为何愈发如火如荼?其原因大致有以下两点。

第一，随着微信平台的日益成熟，微商的群体规模也越来越大，相应的竞争也日趋激烈。朋友圈的微商资源被竭力开采，众多微商都有种其即将被采尽的危机感，因此拼力以图抢占仅剩的领土。

第二，在淘宝上创业所需投入的成本越来越高，致使许多商家的利润空间被急剧压缩，于是微商便被这部分商家寄予了新希望。

移动互联网的发展越演越烈，传统的电商平台也逐步向移动电商过渡。在此期间，微信的发展变动无时无刻不吸引着微商们的眼光。虽然微商作为先行者走在移动电商的前端，但其概念在无形中被一些框架所限制，人们对其理解偏于狭隘。

 “微营销”不等于“朋友圈卖货”

“微”究竟是什么? 实际上，它并不能同微信划等号。从营销角度来说，

“微”有“微小”之意，是产品销售方式或者产品类型的一种新概念，借助移动平台首先实现营销模式的平台化，逐步摆脱对天猫、淘宝等大平台的依赖。然后借助用户与粉丝之间的互动沟通，使产品的宣传和经营流量化，将社会化媒体加以整合，依次推出商品。

当这两者积累到某种程度时，最后达到一种去品牌化的经营，即用户消费的品牌意识削弱，购买行为逐渐与日常兴趣爱好融为一体，注重入口和场景的作用，变“购买”为“乐买”。

如今，许多人对“微营销”的理解还局限于“朋友圈卖货”这个概念。而实际上，微商以移动网络媒体为载体，借助该平台来进行营销，无论是朋友圈、微店还是微博打赏等，都仅是微营销的一种表现形式，单论任何一种都不足以用来概括微营销的概念。

微商带来的改变

微商的发展道路并不平坦，甚至可以说是步履维艰。其起步较晚，模式不够成熟，不像淘宝、天猫一样有完善的支付保障体制和交易系统，用户维权也得不到保障。但不可否认的是，即使在这种情况下，微商依旧吸引了许多人的目光，这些人的追捧是微商得以趁势发展的契机。

那么，究竟是什么让微商即使步伐摇晃也依旧在前进？微商的出现又带来了怎样的改变？如图 7-1 所示。

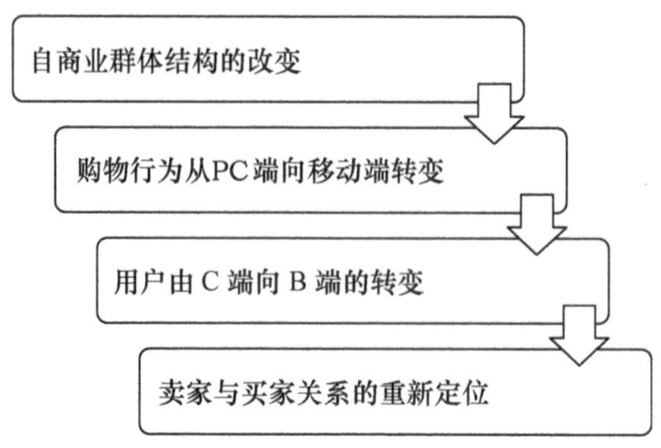

图 7-1 微商带来的 4 个主要变化

1. 自商业群体结构的改变

微商作为一类商业群体，其成长和发展壮大是显而易见的。朋友圈作为微信平台最先兴起的营销途径，可以看作是微商最早的雏形。随着群体的发展，后又出现了更具规模的微电商，借助线上店铺来建立经营模式。最后经过不断的蜕变，微商的概念渐渐从实践中脱胎成型。这一破茧成蝶的过程意味着自商业模式的自我完善，同时也给自商业这个群体的结构带来了进一步的丰富和补充。

2. 加快购物行为从 PC 端向移动端转变的脚步

许多优质的互联网企业都在 PC 端建立了一定的基础，微商作为后起之秀，其力量虽不足以改变 PC 端的地位，却可加快其向移动端前进的脚步。

例如，2014 年 11 月，天猫在“双 11”活动中交易额达 571 亿元，其中 PC 端成交额占 42.6%。尽管不少用户可能在 PC 端下单、在移动端支付，但是移动端的影响力不容小觑。由此看来，微商的出现已逐渐带动购物行为向移动端转变。

3. 用户由 C 端向 B 端的转变

微商的销售链是由买家和卖家共同完成的，而用户的身份不是固定的，在一定条件下可以在客户与企业之间转变。例如，用户通过产品体验认可了该产品，转而作为微商的代理把产品推广给其他人，这就实现了由 Customer（客户）向 Business(企业）的转变，即由 C 端转向 B 端。

4. 卖家与买家关系的重新定位

在传统的电商平台中，企业与客户之间的关系基本定位于产品之上，单纯的人与人之间的沟通交流几乎是不存在的。而微商的基本模式是以社交圈子为起点，而后逐步过渡到销售，最后形成一个新的圈子。较之传统电商单纯的商业关系而言，微商更大程度上依赖于人际关系，在社交的基础上发展销售。

微商：以“信任”做代言

微商完成交易很大程度上依赖于商家与客户之间的信任程度，其未来的发展趋势也将建立在“信任经济”这一基础上，打造以人与人交流互信为基础的营销模式。其具体表现为以下几个方面。

1. 以社交为前提的微商经营

微商的运作是以与用户建立社交关系为基础的，而这种关系能够上升到可以完成销售过程的前提便是信任。简单来说，就是由陌生人变为熟人，再由熟人变为客户的过程。建立关系是第一步，此后通过进一步地沟通交流，关系由弱逐步变强，以个人的信任为基础，长此以往，用户的信任也会类比到产品。而只要产品的质量过关，最终的交易行为大多能够完成。

2. “信任”的价值利益

在社交关系的建立过程中，“分享”是一条重要的渠道。通过分享有价值和有趣味性的内容来引起用户的注意，会给用户带来不错的印象，并能逐步渗入用户的日常生活。用户能够不断从分享中获取有效信息，便会逐渐与分享者建立起信任关系，分享者在看似无偿的分享中实则积累了“信任资本”。

此后若延伸出有偿的分享，而内容也恰为用户所需要，那么用户基本不会再花费时间去重新寻找。这样一来，一条完整的经营链条就会逐步建立，对于企业和用户来说，这都是一举两得的事情。

3. 影响力引发用户信任

不是每一个人都能做好微商，因为让用户产生信任是一个十分漫长而艰难的过程。相较而言，一个专业人士的话语比一个普通人的话语更具有说服力，也更能使人信服，在微商领域同样如此。一些已经具有一定影响力的达人在他们各自的领域拥有话语权，因此他们所推广的内容、介绍的产品就更加能为用户所接受。影响力基本上决定了用户的信任度。

这一效应体现在产品上便是产品附加值之间的区别，这个附加值归根到底还是人赋予的。例如，提起乔布斯，人们紧接着就会想到苹果，提到张小龙立刻会让人联想到微信，等等。

综上所述，微商经营是以“信任”做代言的，微商的信誉是其产品的“广告”，以社交关系为前提，逐步建立起与用户之间的信任关系，发展信任经济，这是微商未来发展的必经之路。如今，信息透明化越来越明显，人与产品之间的传统关系逐渐深入为人与人之间的社交关系，这种趋势不但促进了微商经营的模式发展，反过来微商的信任经济也会加速此趋势的进一步流通。

如何提升用户的“信任度”（图7-2）

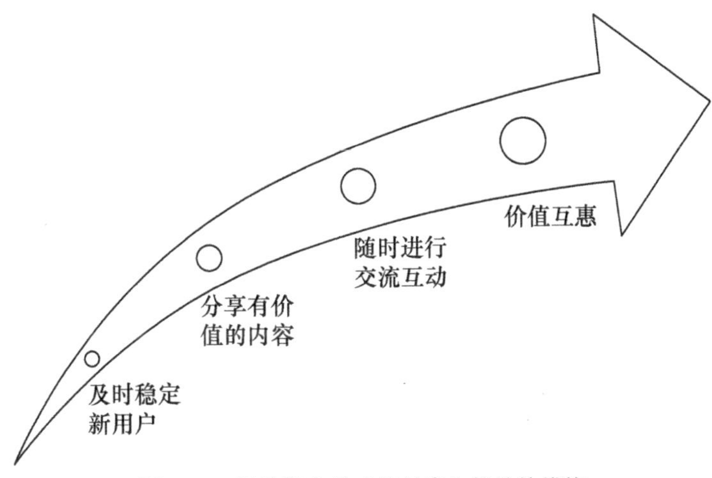

图 7-2　提升用户的“信任度”的具体措施

1. 及时稳定新用户

当吸纳一个新用户之后，微商所要做的第一件事便是与该用户进行沟通交流，这是稳定新用户的第一个步骤。交流内容无需复杂，通常来说 3 ~ 10 句话便足够。内容虽简单，但这是建立彼此之间信任关系的第一步。人与人之间从陌生到熟悉必然也是从简单的寒暄开始的，微商经营也是一样，第一步很简单，却是必须要迈出的。

2. 分享有价值的内容

在用户基本形成群体以后，微商就要不定期地对该群体进行维护，维护的最佳手段便是针对这个群体的特点来分享一些其可能感兴趣的、有价值的内容，通过分享率对内容做出不断调整，尽可能提高其价值含量。长此以往，用户会越来越多地从分享内容中获取对自己有价值的东西，从而慢慢保持对分享者的长期关注。

这个分享维护的过程就是微商进行自我展示的过程，也是与用户之间培养“感情”的过程，时机成熟了，用户自然会建立起对微商的信任。

3. 随时进行交流互动

在建立了一定的“感情”之后，就可以与用户之间开展一些互动活动，进一步激发用户的信任。活动形式多种多样，最基本的便是微信朋友圈内容下的评论和点赞，简单的交流会使微商的形象不时地进入用户的视野，并且形象分会持续上涨。此外还可进行红包、小礼品的发送，以及举办抽奖活动。这些活动的花费不一定多，所耗精力也不大，但往往可以取得不错的效果。

4. 价值互惠

微商可经常为用户群体整理、分享工具性、实用性内容，诸如生活小技巧、Word 快捷键使用、实用手机软件等。用户们长期从此类分享中获得有效价值，对分享者的信任度自然会上升，此后在营销关系建立时也更愿意与曾帮助过他们的微商建立关系，这就是价值的回馈。价值互惠既是微商可以经营之作，也是微商与用户之间的双赢。

总而言之，微商营销的前提就是与顾客建立强信任关系，在社交关系成熟的基础上再展开经营模式，达到一种水到渠成的经营状态，这才是微商经营的成功模式。其中，产品质量只是一方面，人与人之间的沟通交流更是极大的助力，能为微商奠定良好的基础。

信任决定微商成败：打消顾客的疑虑，提升顾客信任度

在微商的整个运营流程之中，有一件事贯穿始终，那就是——打造信任。试想一下，微商从一开始选择经营的品牌，到为之宣传，再到与目标顾客群

进行沟通，哪一个环节都不能脱离信任二字。因为，信任是一切微商活动的基础，既如此，微商就需要努力构建与客户之间的信任基础。

其实，“信任”这个词一直就是商业活动中的一个必备武器，尤其是到了电商时代，更是成为了众商家的杀手锏。著名的电商大鳄马云就曾说过，正是因为信任才使得阿里巴巴得以立足，并成长为国内首屈一指的电商平台，这种信任来自内部的员工，来自选择在此创业的淘宝卖家，更是来自选择在此平台上购物的买家。而这一点，对微商来说，不止是一种经验，还是一种启示。

以传统电商为例，在移动电商时代，信任能够为微商带来什么

在网购大行其道的今天，大多数人都有在淘宝上购物的经历，而每个人在进行网购时有着不同的习惯，有些人比较关注价格，有些人比较关注买家评价，更多的人则普遍关注商品的品牌以及卖家的 DSR 评分，因为这里面有着决定其是否值得“信任”的依据。现在淘宝平台上客流量较大的卖家，在买家眼里多是有着信任基础的。

我们可以从网购的流程上来稍作分析。一般来说，买家在购物时，先要对商品进行了解，之后是填写订单并提交，接下来是进行支付，然后等收到货物之后再点确认收货，这才算是一次完整的购物行为。而在这一流程之中，每一步之所以能够进行都是有信任作为依托的。

了解商品时，如果没有信任，那么商品的介绍就相当于一纸空文，也就不会有提交订单的后续行为；当提交了订单，面临的就是支付，如果没有信任，那么第三方支付平台就相当于一个摆设，也就不会有付款的动作；当付款之后，就到了物流配送这一步，如果没有信任，网购就不会在买家

的选择之列。所以说，整个流程都有“信任”陪伴其中，哪一个环节都不得脱离，一旦有了缺失，交易将不复存在。

其实，在传统的商业行为里，建立信任感本就是不可或缺的一部分，电商中尤甚。电商与信任两者之间的关系，就像是人与空气之间的关系一样，失之则无法生存，而微商自然也是如此。

与消费者之间建立信任，是电商能够生存下去的基础，更是电商赢得回报的一个保障，还是电商核心的、有效的竞争力之一。

当你想买一个电子产品的时候，有京东和淘宝两个平台可以选择，多数人的选择会是京东。尽管京东的价格要高于淘宝，也仍然是许多人的首选，原因在哪里呢？就在于信任感，大多数人都相信京东上的产品是正品，出现假货的概率小之又小。由此我们可以得出一个结论，在电商运营的过程中，提升自身的信任度是重中之重，也是电商转化率得到提升的一个核心点。

如果一个购物网站没有足够的信任度，消费者就不会投之以目光，那么此平台上的商铺就不会有网站转化率；如果一个购物网站积累了足够的信任度，但又在没有维护好的情况下有所缺失，那么消费者也会随之流失，网站转化率就会不断降低。

如今的电商网站平台的转化率是比较低的，多数在 2% ~ 3% 之间，根据电商转化率的计算方式，这表明在网上商铺的 100 名访客中，只有两三个人会发生采购行为，机会成本无疑是巨大的，因为有着高达 97% ~ 98% 的潜在消费者只是在商铺里留下了一个脚印。其中，可能有着对产品不满意或是价格不合适等原因存在，但颇为关键的原因，一定是与信任感有关。

所以，对于电商平台上的在线商铺而言，打造自身的信任度是当务之急，这样才能拥有留下访问者的理由，而商铺的销售额才有可能随着访问者的停留而增加，哪怕是 100 个访问者里只增加一个交易量。而电商网站转化率也会随之得到一定的提升，流量成本也得到了分摊，净利润也会得到大幅度的提升。

我们可以举个例子来说明，首先假定不存在其他的成本，而你的店铺每 10 个访问者就需要 100 元的成本，因为对店铺的信任度不够，这 10 个人中只有 1 个人会发生采购行为，假设店铺能从一次性采购行为中获得的收入是 200 元，那么最终的净利润为 100 元；如果店铺有着足够的信任度，就会减少 1 个人的流失，那么同样的 100 元的成本，却多争取了一个交易额，净利润也就获得了提升。

其实，我们从现实生活中也可以找到类似的例子，往往关系越亲密的朋友，就越有可能借给你更多的钱，因为他相信你的人品，知道借出去的钱不会就此打了水漂。同理，商家与消费者之间越是拥有良好的信任基础，就越容易产生交易行为，从而形成良性循环，消费者越来越多，交易额越来越大。我们从电商的实际例子中就可以得出这一结论，在淘宝和天猫之间，淘宝在信任度上远逊于天猫，所以，其客单价同样也远逊于天猫。

微商如何提升消费者的信任度

作为移动电商的主打，微商与传统电商有着很大的不同，在信任感方面却一脉相承，甚至更为重要。如今的微商尽管已经如火如荼，但仍然还没有一个完整的体系，无信任不成交的特点更为鲜明。最重要的就是，微商的承诺要真实可信，并能得到切实有效的履行，而消费者的信任感是在一次又一次成功的消费行为中建立起来的。所以，消费者的第一次购买是微商需要牢牢抓住的。

那么，消费者在第一次购买时会考虑哪些问题呢？

1. 安全问题

★一是资金是否安全，假如我选中了某一商品并下单支付了，这个微商会不会不给我发货？

★二是货物是否安全，我通过图片或文字的说明来了解我所喜爱的商品，能否保证实物与介绍相符，会不会出现假货？我收到的商品能不能完好无损？

其实，这方面的顾虑可以归结到一个问题上，那就是这个微商是否可靠。

2. 方便问题

我购买了商品，但拿到实物之后发现该商品并不符合我的预期，或是需要更换不同型号，能不能退货或是换货？过程会不会太烦琐？而这方面的顾虑与微商的信用点其实也有着一定的联系。

对此，微商应该如何打消消费者的顾虑呢？

面对顾客的首次交易行为，微商首先要通过种种措施来给予他们一定的安全感，一般来说，可以通过一些实用的信用机制来实现，消费者选定了所需商品之后，可以先转向那些信用度较高的大平台进行交易，等建立起双方的信任基础之后再回归微商的交易平台。

微商还可以借鉴传统电商的做法，将首次交易的门槛降低，比如向消费者推荐单价较低的商品，或是对质量要求不高的商品，举办一些比较有特色的优惠活动来吸引消费者的目光。

在打造自身的信用点时，初始信任度是比较重要的，因为那代表着一个良好的开端与基础。而如何打造初始信用度呢？我们可以通过品牌效应来实现这一目标，实现途径可以是广告宣传。比如在一些大型的社交平台上，投放自己所代理的产品广告，通过产品的品牌来打造自己的品牌。

信用度是贯穿于微商交易行为的整个流程之中的，其打造行为也要贯彻始终。初始信任感是吸引消费者来此消费的依据，而交易过程和之后的体验更是需要信任感来作为支持。只有每一次消费行为都能够顺利、有序地进行，才能达到消费者的心理预期。或许，赢得消费者的信任，就是如此简单。

微商的品牌化路径：以精细化运营构建顾客的品牌信任

从诸多微商的实践道路我们不难发现，微商最本质的东西还是“人”，换句话说，就是依靠人与人之间所建立起来的信任关系来打造个人品牌。而通过积累人际资源所逐步形成的营销品牌就是微商的生命。随着微商数量的增多，越来越多的人无法找到品牌的具体定位。那么，究竟怎样来打造一个属于自己的微商品牌呢?

在竞争激烈的现代，在一个领域能否取得话语权决定了发展的前景和地位，微商也是如此。如何在微商圈子里获得话语权，大体分为以下几个步骤。

准确进行领域定位

微商销售内容种类繁多，包括化妆品、生鲜产品、日用百货等，那么，初入微商的“新手”们首先要做到的就是选择一个自己最为熟悉也最为了解的领域进行销售类型定位，因为熟悉，才会给今后的发展带来“精通”的可能。所以，微商在发展初期，根据自身对各领域的了解来确定发展类型是极为必要的。

圈定理想客户群

微商的一个特点在于规模较小，人力资源相对有限，如何以有限的资源发挥最大的价值？关键因素之一就在于对客户群的“精挑细选”。

换句话说，就是针对自己的销售类型，来准确圈定自己的目标受众群应该是哪一类，是学生还是白领，是企业家还是退休职工，是个人还是团队，是年轻人还是老年人，等等。客户群一旦圈定，就可以针对这个群体的整体特点来进行商品和服务的规划，经过几轮观察筛选，就可以选出最为理想的受众人群。

分析客户需求

微商是利用与客户之间的沟通和因此建立起的关系所进行的有目的的销售。简单地说，就是你首先应分析了解客户需要什么，找准其“痛处”，然后才能对症下药。掌握客户的需求并提供有效解决这类需求的商品，再加上及时有效的沟通，长此以往就能够逐渐建立与客户之间的信任，从而在客户群中树立其品牌意识。

“情感牌”的有效使用

与客户进行具有“情感化”的交流是微商运作必不可少的部分。在交流过程中，取得客户的信任和感情依赖是极为重要的。在这一环节中，与客户分享自己的创业过程等展现自己奋斗经历的故事是十分有效的手段，不仅能够显示出自己品牌的一步步建立有迹可循，从而提高客户的信任度，而且可以感染客户，使其对商家产生一定的情感依赖，建立于此的交易往往成功率会更高。

产品质量的至关重要性

微商的本质还是一项人与人之间的商品交易，产品的质量跟不上，一切都成空谈。所以，微商在确定了适合的领域、了解了客户的需求并与客户建立了良好的感情联系之后，就要把注意力放到产品的打造上。在这一环节，你所选择的产品一定要是精挑细选过、能解决客户需求的产品，而且质量一定要过关。这样经过几轮的销售，你才能在客户群中树立良好的口碑，长此以往才能形成良性循环。

价值分享平台

微商在其运作过程中一定要建立一个价值分享平台，其目的在于通过自媒体（如空间、贴吧、微博、微信等）形成客户网络，不断扩大客户群体，从而收集大量的客户资料。

而且这还可以吸引客户主动来关注你的信息甚至主动加入你的客户群，这样一来交易成功的几率就大大增加了。客户从微商的分享平台上获取有效价值，不但可以提高其对微商的信任度，而且大大提高了客户分享微商信息的可能性。微信公众号、微信朋友圈和 QQ 空间等都是不错的方式。

通过平台进行产品宣传

在平台基本建立以后，微商就可以通过平台来展示自己的商品了。那么，商品的展示是不是就是单纯地做广告呢？答案是否定的，展示商品更重要的目的在于通过前期对客户需求的分析调查来推出自己商品的卖点，让客户产生与购买欲望相共鸣的东西。

除此之外，你还可以在平台上分享有价值的内容，如教学视频、免费试用装等，在对客户造成一定的心理暗示之后再趁势推出主打产品，这样也能大大提高销售成功率。

免费且高质量的内容分享

在互联网高速发展的今天，人们在网络上接触到的信息可以用“海量”这个词来形容，各种各样的图文信息让人们目不暇接。而微商的宣传信息要想从中脱颖而出，不但免费，而且质量要高，这样才能使客户通过百度搜索或者 QQ 空间等渠道看到你的信息时一眼被吸引。客户总有这样的心理：免费分享的内容质量上去了，那么收费的产品至少应该同免费一样，甚至还要更好。

通过合作分担经营压力

微商经营渐趋成熟以后，微品牌也逐渐建立起来，那么，随之而来的经营压力就会与日俱增。这个时候，你就要通过寻求合作伙伴来分担这一部分压力。合作伙伴的加入不但可以帮助你减轻工作分量，而且可以使得品牌进一步得到推广，你所要做的只是在最后的收益中拿出一部分来进行合理分配即可。

这里值得注意的是，寻求合作伙伴一定是在微商发展相对成熟的基础上来进行运作的，否则将会得不偿失。

微商经营进一步精细化

在以上步骤中，我们其实只解决了微商经营的最基本的问题，要想真正把微商做强，在这个领域内拥有强大的话语权，还需要进一步精细化经营。

1. 产品独一无二

在产品繁多的当下，能够吸引人眼球的除了产品质量外，还有产品独特的创新性。保证自己产品的独一无二是微商能够“鹤立鸡群”的重要法宝，只是一味地跟随他人脚步来打造产品很难在这个圈子里脱颖而出。

所以，在微商经营相对稳定之后，首先要考虑的就是怎样打造独特的产品，不但不去效仿别人，而且也让别人难以模仿。

2. 经营更进一步

微商经营最忌止步不前。这是一个信息化社会，更新速度不断在加快，优胜劣汰十分残酷，若一直安于现状，未来所面临的一定是被行业淘汰。因此，在微商经营相对成熟以后，你不应该放手任其发展，而是要回过头来关注每一个细节，对细小的问题进行处理，这样即使规模没有扩大，你的微商也能越做越精致，始终保持竞争力。

其中最为重要的一点就是要始终保持与客户的持续互动，稳定并不断扩大属于你自己的客户群，让他们更多地参与到你的工作中来，以此来保证产品的持续更新，不断注入新鲜血液，从而跟上时代的脚步。

3. 注重服务的附加值

微商的目的是销售商品，在这个过程中起到连接性作用的就是商品的附加值——服务。客户在购买商品的同时也能感受到服务的优劣，这也直接影响了其是否还会作为你的客户留下来。

服务他人是微商最基本的工作。若这项工作做得好，客户能够在沟通过程中感受到你的诚意，那么自然就会对你产生信任，从而与你建立起亲密联系。除此之外，服务并不是总意味着按照正确的道理来做事，而是要以客户为准，密切观察客户的喜恶。在很多领域，“叫板专家”似乎成为了人们所乐于去做的事，所以作为微商，关注的永远不是专家说了什么，而是客户想说什么。

微商≠传销：拒绝传销标签，关于微商的4个误解释疑

微商从诞生到发展已经经历了一段时间，但是对于“究竟什么是微商”“微商和传销的区别在哪里”等问题，无论业界还是媒体，都没能给出一个确切的结论，甚至存在很多误解，如图 7-3 所示。一提到微商，很多人的印象就是在朋友圈里卖货的，虽然这个认识并不能说是错，但是在概念认识上还是有些狭隘了。

接下来，我从我的观察出发来解读一下微商这个行业，希望能够增加人们对其了解并能消除一些误解。

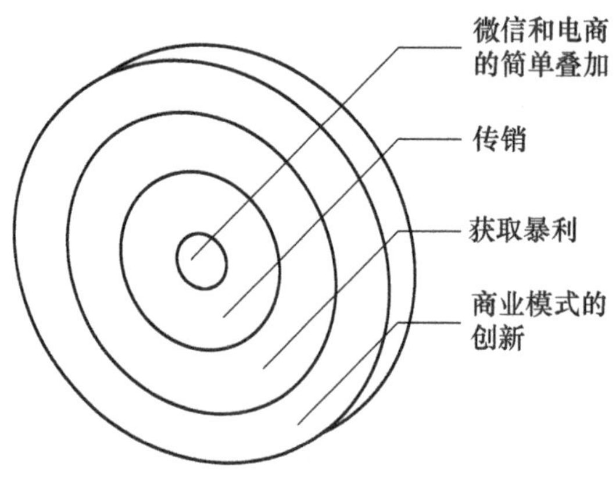

图 7-3　关于微商的 4 个误解

 微商并不仅仅是微信和电商的简单叠加

微商从出现之初的如火如荼一直到如今被人们以警惕的眼光所看待，这期间有其自身发展的问题，但是人们对其始终没有一个明确的认识。朋友圈发布信息推销商品几乎成了微商在大多数人眼中的形象。然而，这种看法是片面的。

如今，微商的意义已经远远超越了朋友圈电商这个概念，依托于其他社交平台的微商已经不断崛起，比如微博、微店等。用户可以直接在其上面开设一个网店，然后把网店的地址放到任何一个平台上。因此，微商的意义远不是微信 + 电商这么简单，应该是移动社交平台 + 电商。

换句话说，微信朋友圈并不是微商晒货的唯一平台，只要在合适的平台找到自己的产品适合的客户群，且该平台有一定的流量沉淀，那么任何一个社交平台都可以成为微商晒货的窗口。对于有些微商和产品来说，微信之外的移动流量平台甚至更加适合产品的推广，用户到客户的转化率可能会更高。

微商不等于传销

微商在 2014 年以一个闪耀的形象发展起来，但后期这层光环被怀疑、警惕的眼光所取代。原因就是微商在其发展初期，曾经以传销或者直销的理论抓住了这个难得的“温床”，借助大量劣质面膜和化妆品以传销金字塔式层层发展代理的方式虚拟出很多致富神话来吸引更多人加入其中，最终使得朋友圈里“朋友骗朋友”的现象肆虐，微商的信任度一下降到极低。这一举动给整个微商行业都蒙上了阴影，包括微商中从事其他产品销售的卖家。

实际上，这种以金字塔式的直销理论售卖劣质面膜和化妆品的模式本质

上仍旧是传销，并不是微商，他们只是在传销被打击之后穿上微商的外衣以图重新发展。

微商的本质是电商，这是不能改变的理论核心。只有坚持商业的根本，发展健康有序的商业模式才能走得长远，一味地欺诈和欺骗只能走向末路。如今我们的法律和商业规则日益健全，微商在考虑赚钱的同时除了避免触犯法律，还要时时进行自省，不可违背社会道德，违反做人的良心底线。

我曾接触过多个从事微商的朋友，他们涉及的产品有大枣、茶叶、豆腐等土特产，还有一些如北京同仁堂等知名品牌。这种微商形态才是合理的、健康的。

微商对每一个个体发挥价值的方式进行解放，而且更重要的是，无论微商还是移动电商，无论其商业模式是怎样的，核心还是要落实到产品上来，也就是说，产品的质量是其发展的核心因素。

微商并不等同于获取暴利

如今很多年轻人都面临着不小的就业压力，所以，创业似乎成为了一个不错的选择。此外，一些家庭主妇和学生也在试图利用闲暇时间赚一点零花钱。而不少以化妆品、面膜为主的微商鼓吹者以“一本万利”为吸引点来诱导这部分群体花大量的资金购买他们的面膜和化妆品做代理。这部分人群往往涉世不深，而且容易受到高额利润的诱惑，便开始根据所谓“营销大师”的指点在朋友圈推销这些产品。

最开始为了打开赚钱的局面，这些微商从业者很可能就会把这些产品推销给自己的亲朋好友。在初期靠着朋友圈之间的信任也许还能做得下去，但是随着自己人际资源被一点点耗尽，其经营很快便会陷入窘境，非但不能赚到钱，还把投入资金都消耗在里面。

因此，微商并不能等同于暴利获取。因为其本质还是商业的一种，或者说以个人为中心的小型商业，需要一定的经营理念和能力，核心还要落实到产品上。也就是说，微商可以赚取部分收入，可以养家糊口，但绝不是那些鼓吹者所说的“一本万利”的生意。

微商的创新在于渠道增加

前文提到，微商其实是电商的一种，而从这个角度来看，微商并不是一种商业模式的创新，而是在商业渠道上的创新或者说增加。

所以，微商的出现与发展同现存的各类电商并不冲突，相反，还起到了补充作用。所以，对于很多电商来说，做微商并不意味着放弃原本的电商模式，而只是渠道的进一步拓宽。依靠社交平台开展商业活动的微商是移动电商的一种。

在微商席卷各平台的状态下，不少传统企业也开始转变思路，希望能借助微商来实现经营商的突破。但是做微商还是要考虑产品的特点，并不是所有的产品都可以拿来做微商的。

在微商发展初期，在面膜、化妆品等微商形成一定的规模之前，不少微商把主打产品放在了三星、苹果等数码产品上。经过微商起起伏伏的发展实践证明，除了被打了传销烙印的面膜和化妆品之外，土特产是在微商领域做得比较成功的产品。原因是这些产品具有很强的地域性，对于其他地区的人来说属于新奇产品，加之成本较低，容易获得较高利润，而且涉及食品健康问题，更容易借助社交平台的信任系统进行推广。而其他产业的产品要进军微商的话，还需多加考虑。

综上所述，微商并不是微信和电商的简单叠加，也不能笼统地将其认作是传销。它只是在移动互联网迅猛发展的今天，借助社交平台来拓展电商渠道的一种途径，其与淘宝、京东等大型电商的最大区别在于销售渠道可能不会集中在大平台，而是分散于微信、微博甚至是各种移动垂直社区当中。

需要注意的是，微商可以以很低的成本、利用大大小小的社交平台做一些生意，但需要从业者具备一定的商业经营理念和运营头脑，不一定每个人都能从中赚取高额利润。所以大家一定要对微商保持清醒认识，避免陷入传销的泥潭。

去传销化VS微商求变：微商如何能摆脱“传销”阴影

微商在朋友圈中蓬勃发展的同时也始终被一个问题所困扰，那就是在不少人眼中，微商似乎和“传销”画上了等号。央视也在新闻中报道部分微商缺乏规范，有“形似传销”的“微传销”之嫌。

那么，微商和微传销之间的区别在哪里？真正的微商能否摆脱这个名字，探索出发展的方向？不少微商从业人员在这个问题上都找不到答案。

微传销是从微商中发育而成的毒瘤

有不少微商从业者有这样的疑惑，现在有很多化妆品、面膜等产品的营销者以微商的名义、传销的性质搅乱了微商的秩序，那我们究竟还应不应该把自己定义为微商？

在微商兴起之初，这个词迅速引起了关注并备受追捧，微商一时间成为了一种非常时尚的职业，不少人都以自己做微商而感到骄傲。但是经过了短短一年左右的时间，这个词好像有些变质了，很多微商人甚至不愿意将自己同这个词联系起来。这究竟是为什么呢?

事实上，微商经历过一段辉煌的发展时期。2014 年，“微商热”迅速席卷全国各地，尤其是在北京、上海等一线城市，街头巷尾都有可能听到有人在讨论微商。一时间，微商的管理和发展、如何通过微商赚钱等成了很多人的关注热点。

微商突然大热的现象是很引人注目的，有人就指出，像这样的现象只在 20 世纪 90 年代传销最为疯狂的时候出现过。不难猜想，曾经在传销中大热的直销或者说传销的理念随着微信的兴起，敏感地嗅到了重新发展的契机，这种商业形态在理论上看似具有很强的先进性和吸引力。

微商被冠以“传销”之名的争议随着面膜、化妆品微商的兴起而达到了一个顶峰，有些面膜的致富神话引起了巨大轰动，比如思埠、俏十岁等。微商这一华丽的业绩产生了极大的激励作用，尤其对于学生、家庭主妇等人群。而随着这一态势的逐渐扩大，很多白领也加入了浩浩荡荡的微商大军。

但是这些看似不可思议的业绩是货真价实的吗? 其实，在其诞生之初就已经能隐约看到传销的影子。2015 年 4 月，央视节目《新闻直播间》针对面膜微商的一系列“怪现象”进行了专题报道，对微商面膜的产品质量、价格构成、原料、销售等各方面进行分析，层层揭露出面膜在逐级代理之中存在的价格累加、暴利销售、虚假晒单等猫腻。

此后，很多在当时颇具名气的微商品牌渐渐淡出了人们的视野，有些转向了其他高利润产品如保健品，而其营销手段其实还有传销的成分在里面。随着对微商的各种报道的增加，微商致富神话被揭穿，人们渐渐从微商热中清醒过来，可以用理智的态度去看待它。微商当中通过逐级发展代理来赚取高额差价的“微商”们纷纷失去了财路。

 面膜微商对朋友圈微商的发展带来损害

其实面膜微商正在朋友圈刷屏的时候，我就感觉到这种模式只可能风靡一时，绝不可能作为一种正常的销售模式持续发展下去，有以下两个原因。

1. 明显的传销理念植入，以金字塔的形式层层向下级发展，以传销为先例，这种形式必然会遭到国家的反对。

2. 这种形式其实只能在初期为商人带来爆发式的收入，但这种商业模式无论是产品质量还是信誉都无法保证，所以极容易在发展过程中出现崩盘。尤其是随着媒体的不断报道，面膜传销的真面目被一层层地揭开，面膜微商的立足根基被一次次打断，已经没有了前进的空间。

随着微商行业的混乱局面被一次次暴露到大众面前，人们对其好感度急剧降低。虽然很多微商人士希望通过行业协会或者品牌协会来重塑大众对微商的信心，但是收效甚微。信任危机一旦出现，重塑形象就变得很难。所以，尽管一些化妆品、面膜品牌抽身去做了其他的产品，但是品牌痕迹影响太大，人们对其还是持怀疑态度。

对于整个微商生态来说，微传销的席卷无疑给生态圈带来了极大的伤害。微信朋友圈原本是一个信息极容易传播也很容易产生信任感的平台，是微商发育的重要环境。但是微营销的出现对整个朋友圈的信任系统造成了沉重的打击，人们已经形成了警惕的心态，对朋友圈中的营销不再轻易信任甚至是完全屏蔽。

在相当长的一段时期内，这部分营销者在朋友圈里再去销售其他任何产品，都很难摘掉“传销”的帽子，以致无论什么产品都很难推销出去。实际上，这一条途径已经基本断开了。

所以，如果微商在下一步发展中不对其产品选择、信息展示方式和获利方式进行彻底的改变，就很难在微信营销这条道路上继续走下去。

真正的微商依旧是微商的一部分

当然，我们并不能够因为微传销这个群体而对微商进行全部否定，在微商中，良性微商依旧存在，他们只是把微信作为一个平台和一种渠道，借助其庞大而具有极佳扩散性的流量来推出自己的商品。这类微商可以分为两类，一类是把土特产作为主要商品的微商，另一类是诸如苏宁等大型品牌的微商。

第一类微商也就是把产品陈列在微信或者微商店上进行推销，其本质如同淘宝一般，都是借助一个平台利用其流量以期达到更好的销售效果。这类微商的商品以大枣、核桃、豆腐等土特产为主，原因可能有以下几点。

1. 土特产属于具有明显地域特征的产品，购买者往往是其他地域的客户，因此会对其持有新鲜感。而且这种产品往往与食品安全和健康问题挂钩，因此客户比较倾向于通过微信这种具有一定信任度的平台来进行购买。

2. 因为在原产地的关系，所以卖家需要支付的成本并不高，但能获取较高的利润。但是这类微商的发展空间是有限的，如果不发展代理扩大销售规模，很快就会发展到一个极限。

而大品牌做微商也有着自己的意图。苏宁推出了苏宁云商，就是希望在员工中推广“人人微商”的概念，让员工在自己的朋友圈中推广苏宁产品。实际上，这也就是把每一个苏宁员工当作一个移动的推销点或者说是柜台，无形中增加了一条销售渠道，以此来推动整个产业的发展。

但是大品牌微商有其弊端，那就是员工往往不能兼顾。苏宁员工并不是专职做微商，他们在企业也有自己的工作，这就容易出现兼顾不当的问题。

如果企业无法制定合理的管理和激励机制，那么很容易使得员工在两头都呈现出疲态，甚至其本职工作的效率也会下降。

尽管这两种微商的形式有利有弊，但是总体来看，它们至少是良性微商的代表。它们并没有把微信朋友圈当作可以发一笔横财的地方，而仅仅是一个拥有大流量的平台，一种新的销售渠道。这才是做微商应当具备的正确价值观。

微商如何摆脱现今的尴尬局面

现在对于微传销和良性微商的概念我们已经分得很清楚了，但我们必须要面对的是，微商现今处于大众信任危机的尴尬境地，那么，其应如何对行业进行净化，未来的路又要怎样走呢？我认为，想要认真做好微商的从业者应从如图 7-4 所示的几个方面来进行突破和转变。

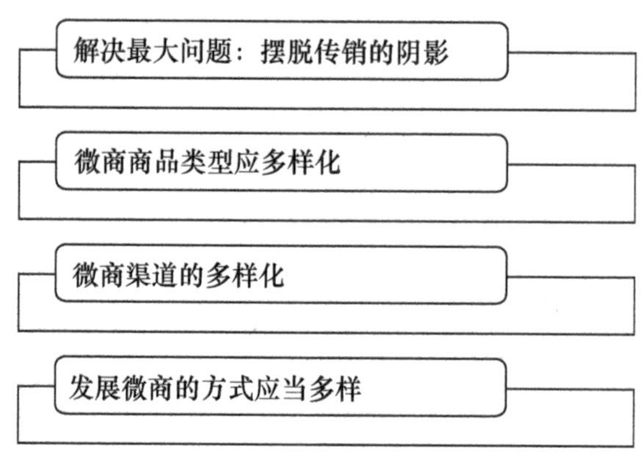

图 7-4　微商回归正轨的主要策略

1. 解决最大问题：摆脱传销的阴影

微传销的名字已经给微商带来了很大的阴影，如果任其发展下去，微商就很难在商业上再有翻身之地。因此，微商的当务之急就是要去传销化。那么应当怎样做呢？微商很重要的一部分就是分销机制，所以，首先要把这一部分分离出来，比如发展几个一二级代理。而这些代理商的核心目的绝不是赚取产品差价，而是实实在在地卖产品，靠产品的利益盈利。

2. 微商商品类型应多样化

微商的后续发展绝不应该再继续以面膜和化妆品为主，因为前期发展中这类产品已经由于微营销的原因在大众心理留下了不好的印象，基本信任机制已经趋近于瓦解。此外，同质化的产品很难在市场上拥有具有优势的竞争力，硬性竞争销售有可能会带来恶意低价竞争等问题，利润空间十分有限。因此，微商未来的产品类型要多样化。

3. 微商渠道的多样化

在很多人的概念中，微商就等同于微信电商。的确，微信朋友圈是微商的一个重要途径，但微商绝不局限于此，其他很多社交平台也是微商进行活动的地方，比如微博。现在微博上出现了不少“达人”，如化妆达人、时尚达人等，他们有很多就在利用自己积累的粉丝资源做微商，例如，8848 的创始人王峻涛便在微博上进行大枣的销售。其他一些垂直社交平台也可以作为微商发展的渠道。

4. 发展微商的方式应当多样

以往微商的运作方式往往会给人们留下这样的印象，那就是朋友圈刷屏。其实这样能起到多大的效果？朋友之间能够转发的概率又有多少？甚至有些消息因为刷屏频繁还会被亲朋好友屏蔽，得不偿失。因此，微商要想获得新的发展就必须突破固有模式，寻找新的思路。

有些品牌就在这方面做出了自己的尝试和努力，他们在微信公众平台上做微商城，并提供上门服务。他们希望能够结合 O2O 的模式来将微商长久有序地做下去。实际上，有很多产品也开始注意在做微商的方式上进行多样化创新，而不仅仅依靠简单的信息刷屏。自 2015 年以来，社交平台以其大量的资源被越来越多的人看到了其商业价值，他们也在试图尝试各种微商的新玩法。

总而言之，微商不能够脱离其电商的本质来发展，只不过其运作环境主要集中于微信、微博等社交平台。至于微传销，只是微商在发展还不成熟的时候一种偏离正确轨道的“变种”。尽管微传销在一段时期内给微商的发展道路蒙上了阴影，但我们对其未来的发展仍应该保持乐观态度。毕竟移动互联网发展得如火如荼，移动社交平台已经沉淀了大量的流量，未来必会成为电商争夺之地，而微商其实可以看作率先发展起来的社交化电商。